Los Siete Dones del Espíritu Santo

I0867205

Obispo Arthur J. Serratelli
S.T.D., S.S.L., D.D.

CATHOLIC BOOK PUBLISHING CORP.
Nueva Jersey

NIHIL OBSTAT: **Reve. T. Kevin Corcoran, MA**
Censor Librorum

IMPRIMATUR: ✠ **David M. O'Connell, C.M., J.C.D., D.D.**
Bishop of Trenton

June 25, 2018

El Nihil Obstat e Imprimatur son declaraciones oficiales de que un libro o libreto es libre de error doctrinal o moral. Esto no quiere decir, de ningún modo, que los que han concedido el Nihil Obstat e Imprimatur están de acuerdo con sus contenidos, opiniones, o afirmaciones.

Traducido por Mons. C. Anthony Ziccardi, S.S.L., S.T.D.

(T-930/04S)

ISBN 978-1-947070-58-5

© 2019 Catholic Book Publishing Corp., N.J.

Impreso en Korea 22 NT 1
catholicbookpublishing.com

Contenido

Introducción

Benjamin Franklin tiene la gran distinción de ser no solo uno de los padres fundadores de América, sino también uno de sus hijos más queridos. Fue estadista, escritor, inventor, y filósofo. En nuestra época de especialización, la amplitud de sus contribuciones sobrepasa la imaginación. La estufa de Franklin, el pararrayos, las aletas de natación, la armónica de vidrio, el catéter flexible, y los anteojos bifocales, por nombrar algunos.

Franklin también ha dejado un rico legado literario. Escribió ensayos, libros, y artículos periodísticos. Escribió cartas y compuso baladas. Escribió una ilustre autobiografía. Pero es mejor conocido por el *Almanaque del Pobre Richard*.

En 1732, Franklin lo publicó por primera vez. El folleto contenía un calendario, un pronóstico del tiempo por estación, consejos prácticos para el hogar, rompecabezas, poemas, e información astronómica. El *Almanaque del Pobre Richard* se convirtió rápidamente en un éxito de ventas en las colonias americanas. Sin duda, los muchos ingeniosos aforismos que se esparcian a lo largo del folleto lo hicieron muy popular.

De muchas maneras, el *Almanaque del Pobre Richard* es un repositorio del ingenio y de la sagacidad de Franklin mismo. De hecho, muchos de sus dichos sabios han logrado ser famosos. "Bien hecho es mejor que bien dicho." "Invertir en conocimientos produce siempre los mejores beneficios." "Es el hombre trabajador el hombre feliz. Es el hombre ocioso el que es el hombre miserable." "El que pronto se acuesta y pronto se levanta es hombre saludable, rico, y sabio." "Dios ayuda a los que se ayudan a sí mismos."

Los refranes de Franklin nos ayudan en nuestra búsqueda de vivir una buena vida. Son expresiones de buen sentido común. Siguen siendo oportunos, porque "el sentido común no es tan común" (Voltaire). Franklin percibió la conexión holística entre mente, cuerpo, y espíritu. Sus consejos pretenden ayudar a los demás a hacer esta conexión y conseguir una vida feliz. En este sentido, sus dichos son "parientes cercanos" con la literatura sapiencial del Antiguo Testamento.

La sabiduría bíblica (*hokmah*) incluye tanto un aspecto práctico como un aspecto especulativo. A veces, la sabiduría bíblica es semejante en tono y en propósito a los consejos de un Franklin, un Epicuro, o un Marco Aurelio. Transmite el conocimiento acumulado de muchas generaciones sobre cómo aprovechar al máximo las situaciones diarias. En otros momentos, la sabiduría bíblica se eleva por encima de los aforismos prosaicos a las alturas poéticas de la meditación elevada sobre el propósito mismo de la vida y el sufrimiento humano.

En el Antiguo Testamento, la persona sabia es la que sabe cómo ejercer su oficio (ver Ex 35:25-26), la persona que puede emitir juicios correctos (ver 1 R 3:1-15); y aquella persona cuyo comportamiento moral es recto (ver Pr 24:29). Gradualmente, la sabiduría se identifica con la ley (ver Si 24: 23-24) que proporciona el plan de Dios para nuestra felicidad. Y en última instancia, se personifica hasta el punto de identificarla con Dios mismo (ver Pr 8:1-31; Sb 6:12-21).

El Nuevo Testamento ve la sabiduría como el plan "misterioso, oculto, que Dios predeterminó antes de los siglos para nuestra gloria" (1 Co 2:7). Y el Nuevo Testamento identifica a Jesús mismo como la sabiduría de Dios (ver 1 Co 1:24; Col 1:15-18). "En Él se ha revelado de una manera nueva y más maravillosa la verdad fundamental sobre la creación" (San Juan Pablo II, *Redemptor Hominis*, 8). Él es el "Nuevo Adán [que]... revela completamente el hombre a sí mismo...." (*Gaudium et Spes*, 22).

Isaías profetizó la venida esperada de Jesús como el Mesías tan esperado que, como la Sabiduría Encarnada, nos lleva a Dios. Este profeta, quien vivió ocho siglos antes de Cristo, dijo de Él: "Reposará sobre Él el Espíritu del Señor, espíritu de sabiduría y de entendimiento, espíritu de consejo y de fortaleza, espíritu de conocimiento y de temor del Señor" (Is 11:2). Es a causa de este pajage de Isaías quc la Iglcsia habla de los siete dones del Espíritu Santo. Son la sabiduría, el entendimiento, el consejo, la fortaleza, el conocimiento, la piedad, y el temor del Señor.

El texto hebreo de Isaías enumera siete regalos, pero en realidad menciona el temor del Señor dos veces. Sin embargo, la Septuaginta (en griego) y la Vulgata (en latín) enumeran siete dones diferentes, mencionando "el temor al Señor" solo una vez e incluyendo "la piedad." Desde que la Iglesia primitiva adoptó la Septuaginta y la Vulgata, la Iglesia ha enseñado tradicionalmente que hay siete dones del Espíritu Santo. Siete es el número de la perfección. Y el Espíritu Santo les otorga generosamente estos dones a los creyentes.

Solo Jesús poseía los siete dones del Espíritu Santo en su plenitud, pero el Espíritu Santo les da magnánimamente esos mismos dones a todos los que siguen a Jesús. En el Bautismo, somos vestidos con Cristo y nos convertimos en miembros de Su Cuerpo, la Iglesia, compartiendo Su dignidad de sacerdote, profeta, y rey. En la Confirmación, somos sellados con el Espíritu Santo para que, a través de Su santa unción, podamos "conformarnos más perfectamente a Cristo, el Hijo de Dios" (*El Rito de la Confirmación*). Como San Pablo enseña: "A los que de antemano conoció, también los predestino para que fuesen hechos conformes a la imagen de su Hijo...." (Rm 8:29). A través de la gracia del Bautismo y de la Confirmación, asumimos la identidad de Cristo. Nos unimos a Él, y compartimos con Él estos siete dones que recibió como Mesías. Bendecidos con los siete dones del Espíritu Santo, continuamos Su obra en nuestro mundo.

Los siete dones son nuestra herencia como cristianos bautizados y confirmados. No los ganamos. No los merecemos. Se nos dan gratuitamente. Nos abren a los impulsos del Espíritu Santo. Nos ayudan a crecer en santidad, haciéndonos aptos para el cielo.

Los siete dones del Espíritu Santo nos ayudan a vivir un verdadero estilo de vida cristiana, como lo enseña *El Catecismo de la Iglesia Católica*: "La vida moral de los cristianos está sostenida por los dones del Espíritu Santo. Estos son disposiciones permanentes que hacen al hombre dócil para seguir los impulsos del Espíritu Santo.... Completan y llevan a su perfección las virtudes de quienes los reciben. Hacen a los fieles dóciles para obedecer con prontitud a las inspiraciones divinas" (*El Catecismo de la Iglesia Católica*, 1830-31).

CAPÍTULO 1

El Don de la Sabiduría

Viviendo en Amistad con Dios

Con su mármol brillando bajo el sol radiante, las ruinas de la Acrópolis de Atenas se elevan sobre la ciudad. Desde tiempos antiguos, el Partenón es lo más bello de la Acrópolis. Era el santuario de mayor importancia de la ciudad más importante de la Antigua Grecia. Este maravilloso templo era el hogar de una estatua de cuarenta pies de altura, una representación de Atenea, la diosa virgen de la razón y patrona de la ciudad. Historiadores del arte consideran la estatua de Atenea como una de las maravillas de la escultura. Cubierta con más de mil quinientas libras de oro macizo, esta estatua se consideraba como el máximo patrimonio financiero de la Antigua Atenas. Sin embargo, el Partenón era más que el repositorio de esa maravillosa imagen de culto.

El Partenón era un monumento viviente que reflejaba los valores e ideales de la Antigua Grecia. Los griegos siempre le pusieron atención a la simetría, o sea, al balance y la armonía de las partes y del todo. Siempre buscaban la perfección. Y el Partenón con sus proporciones, precisión y balance—todos ellos sin falla alguna—era el deslumbre de sus esfuerzos. Honrando a Atenea, la diosa de la sabiduría, en medio de ese templo tan perfectamente construido, los griegos admitían que necesitaban la sabiduría para lograr la perfección que buscaban no solo en el arte, sino también en sus vidas.

La búsqueda de la perfección pertenece al espíritu humano. Siempre estamos buscando algo mejor, o más conocimiento, ya sea práctico o teórico, con el fin de mejorar nuestra condición humana. Pero hace falta más que solamente el conocimiento. Hace falta la sabiduría. Y los dos no son la misma cosa. Una cosa es saber *cómo* hacer algo. Pero necesitamos sabiduría para saber *cuándo* hacerlo. La sabiduría nos guía en el uso del conocimiento. Dos personas podrán saber cómo manejar un cuchillo. El tonto lo usa para causar daño, incluso la muerte de alguien. El cirujano lo usa sabiamente para traer sanación y vida a otro ser humano.

Muchos descubrimientos en la medicina y en la ciencia nos han dado conocimiento que ha transformado nuestras vidas. Nosotros sabemos muchísimo más de lo que sabían nuestros abuelos acerca del milagro de la concepción y la vida. Pero algunos usan neciamente este conocimiento para destruir el regalo precioso de la vida que proviene de Dios. Tenemos grandes conocimientos acerca del universo, y hemos descubierto como ponerle un arnés al poder del átomo. La sabiduría es la garante que asegura que usemos este poder maravilloso para generar la energía y promover el progreso en lugar de la destrucción y la muerte. Necesitamos desesperadamente la sabiduría.

El rey Salomón es el ejemplo de mayor fama en la Biblia en lo referente a la sabiduría. A la edad de doce años, cuando estaba a punto de ser coronado rey, pidió en oración no por riquezas, ni fama, ni éxito; tampoco Le pidió a Dios una larga vida o la felicidad. ¡No! En su lugar, él pidió la sabiduría. Y Dios le respondió, diciendo: "Voy a concederte lo que pides: te daré un corazón tan sabio e inteligente como no ha habido otro antes de ti ni lo habrá después de ti." (1 R 3:12).

La sabiduría no era algo que Salomón adquirió. Tampoco era simplemente inteligencia. Era algo más. Era un regalo de Dios, Quien le confirió la habilidad de poder ver la verdad más allá de cualquier circunstancia presente. Y es por ello que tan pronto como Dios le concede el don de la sabiduría, las Escrituras relatan su famoso juicio ante las dos prostitutas.

Ambas mujeres habían dado a luz. Uno de los bebés había muerto. Ambas vinieron ante Salomón aduciendo que les pertenecía el único niño que aún vivía. Salomón conocía el corazón de la verdadera madre. Así que dice que el bebé sea cortado en la mitad y que a cada mujer le corresponda una de las dos mitades. La primera de las mujeres aceptó la decisión. La segunda en cambio se echó al llanto, suplicando que no se le hiciera daño a la criatura. Salomón le entregó el bebé a la segunda mujer, su verdadera madre (ver 1 R 3:16-28). Salomón se dio cuenta que la verdadera madre siempre iba a desear el bienestar y la vida para el fruto de sus entrañas. Él fue, por cierto, el más sabio de todos los hombres.

Daniel es otro personaje bíblico poseedor de gran sabiduría. El profeta Ezequiel lo menciona junto a Noé y Job como un grupo de hombres justos que, gracias a su sabiduría, salvaron a otros (ver Ez 14:14). Daniel era un joven que de Judá fue enviado al exilio durante la conquista babilónica del siglo sexto antes de Cristo. Y al igual que José, quien por su sabiduría llegó a ocupar puestos de enorme influencia en la corte del Faraón, Daniel se convirtió en un consejero importante para los reyes de Babilonia y Persia, y todo ello a causa de su sabiduría.

En el segundo siglo antes de Cristo, Antíoco IV Epífanes, el sucesor Seléucida que heredó la mitad del reino de Alejandro el Grande, utilizó la helenización como un arma para imponer un reinado totalitario en sus territorios. En

Judea y Samaria, persiguió a judíos devotos que practicaban el rito de la circuncisión, a los que estudiaban la Torá, y a los que obedecían las leyes alimenticias de su religión.

Antíoco IV Epífanes incluso puso una estatua de Zeus en el interior del Templo de Jerusalén, y ordenó a los judíos a que lo adorasen (ver 2 M 6:1-12). Esto fue un sacrilegio de tal magnitud que causó la rebelión de los Macabeos, la misma que duró de 167 a 160 a.C. Durante este periodo de intensa persecución, los judíos buscaban consuelo en las historias que habían escuchado de Daniel. Daniel fue un modelo de verdad al que imitaron cuando su fe estuvo puesta a tan dura prueba.

Después de que los babilonios destruyeron Jerusalén, Nabucodonosor, rey de Babilonia, se llevó al joven Daniel y a sus amigos Ananías, Misael, y Azarías como cautivos de vuelta a Babilonia. Les dio nombres nuevos (Sadrac, Mesac y Abednego), los educó según las costumbres del imperio, y los hizo miembros de su corte, llenándolos de lujos—todo ello con el fin de usarlos como instrumentos para ejercer control sobre sus vasallos en exilio.

Los cuatro jóvenes sirvieron al rey con lealtad, pero permanecieron asimismo fieles a su fe. Rehusaron comer carne que el rey les enviaba por cuanto era de animales que fueron sacrificados a los ídolos. Este rechazo ilustra la gran verdad de que los preceptos de la religión deben guiarnos hasta los detalles más insignificantes de nuestras vidas diarias. Ofrecerse a Dios hasta en las cosas más pequeñas no es escrupulosidad, sino más bien máxima lealtad. Y puesto que ellos se opusieron a contaminarse en ese ambiente pagano, Dios los bendijo, les dio conocimiento y sabiduría (Dn 1:17). Su sabiduría era "diez veces mayor" a la de cualquier otro servidor en la corte del rey.

Una vez cuando Nabucodonosor tuvo un sueño muy perturbador, los sabios de su corte no pudieron interpretarlo. Y habiendo escuchado que el rey había ordenado la muerte de todos sus consejeros al no poder interpretar su sueño, Daniel pidió a sus amigos que se unieran a él en oración a Dios. Amigos que rezan juntos siempre son de gran ayuda el uno al otro. Sus oraciones intercesoras lograron que Dios tuviera misericordia; y como respuesta a sus plegarias, Dios le concedió a Daniel, en una visión, entender el significado del sueño del rey.

La oración debe acompañarnos en todo lo que hacemos. De manera parecida como Daniel lo hizo antes de ser llevado donde el rey para interpretar su sueño, no deberíamos hacer ninguna obra buena sin antes estar en oración ante la presencia de Dios. Y al igual como lo hizo Daniel, o sea, saltar de alegría en alabanza de agradecimiento a Dios, Quien "otorga sabiduría a los sabios, y conocimiento a los inteligentes" (Dn 2:21), asimismo nosotros debemos estar siempre agradecidos cuando Dios nos da aquello que Le pedimos. La sabiduría es siempre un regalo de Dios.

Era tan importante el don de la sabiduría que le fue conferido a Daniel, que un judío helenista encargado de traducir la Biblia hebrea al griego reacomodó los capítulos de su traducción del libro de Daniel. En su versión, llamada la Teodoción, el traductor puso la historia de Susana, que estaba en el capítulo 13 en todas las demás versiones, como la introducción a su versión. Él quiso que sus lectores se dieran cuenta de que todas las historias en el libro de Daniel dan muestra de la sabiduría que tan admirablemente se ve en la historia de Susana.

En esta historia, Susana es una mujer casada y muy atractiva. Un día cuando se está bañando con mucha modestia en su jardín, se vuelve víctima de dos ancianos lujuriosos. Ellos tratan de obligarla a tener relaciones con ellos. La amenazan, tratando de forzar su voluntad. Le advierten que, si ella rehúsa, le van a hacer daño y acusarla de haber tenido un encuentro con un amante joven.

Susana tiene que decidir. Si se somete a sus deseos lujuriosos, va a desobedecer la Ley de Moisés. Si rehúsa, le toca enfrentarse a la acusación de los dos ancianos. Pero su palabra no tendría valor alguno ante el testimonio de estos ancianos respetados en la comunidad; por eso, ella se prepara para padecer la pena de muerte por adulterio (ver Lv 20:10; Dt 22:22). Susana decide resistir. No va a dejar que la obliguen a pecar. Acepta voluntariamente las consecuencias de permanecer fiel a Dios y a su esposo.

Cuando llegó el proceso a su trágica conclusión y Susana era llevada a la muerte, "Dios suscitó el santo espíritu de un joven, llamado Daniel que comenzó a gritar con todas sus fuerzas: 'Yo soy inocente de la sangre de esta mujer'" (Dn 13:45-46). Movido por el Espíritu, Daniel está convencido de que él puede salvar a Susana de una muerte injusta. Él separa a los dos ancianos, y los interroga de manera separada acerca del lugar donde habían visto a ella con dicho amante. El primero de los ancianos dice que los vio bajo un árbol de acacia. El segundo anciano dijo que los vio bajo un árbol de roble. La acacia es un árbol que es de hasta trece pies de altura; el roble de cincuenta pies. Con sus propias palabras se perjuraron. Susana se salvó, y los ancianos fueron condenados.

Los que leen esta historia en griego se deleitan en el juego de palabras que se usa para describir el cambio de suerte que ocurre. Cuando el primer anciano dice que vio a

Susana bajo el árbol de acacia (*σχίνον: skinon*), Daniel responde diciendo que el ángel está listo para cortarlo en dos (*σχίσει: skisei*); y cuando el segundo anciano menciona el árbol de roble (*πρίνον: prinon*), Daniel le dice que el ángel de Dios está listo para serrarlo en dos (*πρίσαι: prisai*). Lo irónico es que los árboles mencionados por los ancianos son los mismos árboles que proveen este juego de palabras tan ingenioso que convierte la acusación contra Susana en su propia pena de muerte.

En estas breves narraciones de Susana y del rey Nabucodonosor, Daniel emerge como el paradigma de la sabiduría. Su sabiduría no tiene un origen humano. Ni observaciones detalladas del universo, ni tampoco estudios académicos profundos, le dieron a Daniel esta sabiduría. ¡Dios lo hizo! Y por cuanto Daniel se mantuvo distante de la cultura pagana que lo rodeaba, y se mantuvo siempre en oración con Dios, Dios le concedió tan valioso don.

Para cada uno de nosotros, Daniel representa un modelo a imitar en cómo vivir nuestras vidas en medio de una cultura que rechaza y se mofa de los valores cristianos. El medio ambiente no tiene porqué influir en la persona. Somos nosotros que decidimos como forjar el medio que nos rodea. Dios les concede con gusto a los que permanecen fieles a la fe y que piden la sabiduría que disipa la ignorancia para que pueden siempre tomar las decisiones correctas y así triunfar ante la adversidad. De hecho, Dios ya nos ha dado la sabiduría que necesitamos para transformar al mundo.

La sabiduría es uno de los dones del Espíritu Santo (ver Is 11:2). Nos equipa con lo necesario para enfrentar los pequeños detalles diarios de nuestras vidas, siguiendo la voluntad de Dios. El don de la sabiduría nos ayuda a discernir las cosas de este mundo desde el punto de vista de Dios. "Y la sabiduría es precisamente esto: es la gracia de poder ver cada cosa con los ojos de Dios. Es sencillamente esto: es ver el mundo, ver las situaciones, las ocasiones, los problemas, todo, con los ojos de Dios. Esta es la sabiduría. Algunas veces vemos las cosas según nuestro gusto o según la situación de nuestro corazón, con amor o con odio, con envidia.... No, esto no es el ojo de Dios. La sabiduría es lo que obra el Espíritu Santo en nosotros a fin de que veamos todas las cosas con los ojos de Dios. Este es el don de la sabiduría" (Papa Francisco, Audiencia General, 9 de abril 2014).

Gracias al don de la sabiduría, nos es posible ver más allá que simplemente los éxitos y las derrotas, las pruebas y los triunfos, las alegrías y las tristezas de cada día; y en cambio, lo hacemos según el plan de Dios, Quien ordena todo según Su voluntad para nuestro beneficio. Nuestras mentes son elevadas por encima de lo mundano, cosa de permitirnos contemplar las verdades divinas. Y no importa cuán conocedores seamos acerca de la fe; con el don de la sabiduría nos es posible llegar a un entendimiento profundo de la divinidad.

Iluminados con el don de la sabiduría, nos es posible juzgar con acierto entre actos morales que nos acercan a Dios, y actos malignos que nos alejan de Él. Entendemos que nosotros y los demás somos llamados a la dignidad sobrenatural de convertirnos en hijos de Dios. Vemos a los demás, y los amamos del mismo modo como Dios los ve y los ama. Enfocamos nuestros pensamientos humanos, nuestros sentimientos, palabras, y acciones según el destino final que Dios tiene para todos nosotros. Nos liberamos de la ideología que de otra forma nos tendría cautivos del tiempo en que vivimos; y por el contrario, pasamos a disfrutar plenamente la libertad que poseen los hijos de Dios.

La sabiduría no es solamente uno de los dones del Espíritu Santo. Es el primero de los regalos, según el profeta Isaías, dado al Mesías (ver Is 11:2). Es el don de mayor importancia entre todos los dones del Espíritu Santo por cuanto es esencial para vivir en armonía con Dios y con toda la creación, de la misma manera como vivió Jesús. En nuestra era secular, la sabiduría es un don que necesitamos desesperadamente.

CAPÍTULO 2

El Don del Entendimiento (o de la Inteligencia)

Viendo a través del Corazón

La ciencia empírica en su totalidad nace de la observación y del entendimiento. Cuando un científico observa con atención incluso los sucesos cotidianos, nuevos descubrimientos ocurren. Por ejemplo, el 3 de septiembre del 1928, el biológico escocés Alejandro Fleming regresaba de unas merecidas vacaciones. Fue a su laboratorio donde, antes de su descanso en agosto, había experimentado con bacterias en placas de Petri. Se dio cuenta que mientras estuvo ausente un moho extraño había crecido en las placas y había matado otra bacteria que antes estaba presente. Su mente se iluminó, y desde entonces cambió de manera radical la medicina moderna. Él entendió lo que había acontecido. Y ese entendimiento lo llevó a descubrir la penicilina que ha salvado vidas innumerables.

Dos mil años antes, un momento de iluminación parecido aconteció en la mente de Arquímedes. Era el más importante matemático de la antigüedad y uno de los más famosos físicos, ingenieros, inventores, y astrónomos. Hierón II, rey de Siracusa en Sicilia, había ordenado que se le hiciera una corona de oro. Sin embargo, él quería estar seguro de que el orfebre no había substituido plata por parte del oro a fin de enriquecerse ilícitamente. Le pidió a Arquímedes que resolviera el problema sin destruir la corona.

Arquímedes pasó muchas horas tratando de encontrar la forma de determinar si la corona era de oro puro. Él sabía que el oro era más denso que la plata, y que una corona hecha de oro ocuparía menos espacio que otra hecha de ambos oro y plata. Entonces, un buen día, cuando estaba metiéndose en su bañera, notó que más y más agua se desalojaba. Observando esto, el entendió inmediatamente el principio de la flotabilidad y lo que era necesario hacer para determinar la cantidad de oro en la corona. Según la leyenda, tan exaltado estaba ante este descubrimiento que saltó inmediatamente fuera de la bañera y corrió por las calles gritando "*Eureka*" (que significa: ¡Lo he descubierto!").

Al igual como aconteció en el caso de Arquímedes en su bañera y con Fleming en su laboratorio, nuestro conocimiento y entendimiento empiezan con nuestros cinco sentidos. Tratamos con las cosas que nos rodean.

Observamos el mundo a nuestro alrededor, pensamos en él, e intentamos entenderlo. Como lo dijera Santo Tomás de Aquino: "Es normal y natural para el hombre el entender verdades intelectuales a través de objetos, por cuanto nuestro conocimiento empieza con nuestros sentidos" (*Summa Theologica*, 1, a.1. 9c). Estamos hechos de materia y espíritu, sentidos e inteligencia. Empezamos con lo material, pero nos es posible llegar, por medio de nuestro intelecto, a lo espiritual, lo transcendental, y lo inmaterial.

Y puesto que nuestro intelecto es limitado, el Espíritu Santo nos da el don del entendimiento para ayudarnos a comprender las verdades de nuestra fe. Este don nos permite ir más allá de los límites de la razón humana y conseguir un conocimiento que no sería posible conseguir por nuestros propios medios.

Por la fe, damos nuestro asentimiento intelectual a las verdades que han sido divinamente reveladas, como por ejemplo la divinidad de Cristo y el misterio de la Eucaristía. Creemos en estas verdades porque aceptamos la autoridad de Dios que las revela. Por medio del don del entendimiento es posible descubrir el significado de dichas verdades. El don del entendimiento, infundido por el Espíritu Santo, nos proporciona el medio de entender con facilidad y profundidad las verdades que Dios nos ha dado y de comprender cómo estas verdades conocidas por la razón se relacionan con nuestro destino sobrenatural. Nos ayuda a ver cómo las verdades eternas de Dios son normas para la conducta humana para que hagamos las buenas obras que debemos hacer.

Por el don del entendimiento, nos es posible penetrar de manera más profunda las palabras de las Sagradas Escrituras. Él nos permite ver más allá del significado superficial del texto y captar su relación con Jesús, la Palabra Encarnada. Entendemos cómo el misterio de nuestra redención en Cristo ya se prefiguraba en los sucesos del Antiguo Testamento. Tal cual lo enseñó San Agustín: "El Nuevo Testamento está oculto en el Antiguo; el Antiguo nos es abierto en el Nuevo."

Por ejemplo, por orden de su padre Abrahán, Isaac cargó leña para un sacrificio en la cima del monte Moria. Viendo Isaac solo la llama y la madera que iba a ser usada para el sacrificio, inocentemente le preguntó a su padre donde estaba el cordero para el sacrificio (ver Gn 22:7). Abrahán le contestó: "Dios mismo proveerá el cordero..." (Gn 22:8). Nuestro Padre celestial proveyó el cordero enviando a Su propio Hijo como nuestro redentor. Ya en este evento Jesús es prefigurado. Pues, al obedecer la voluntad de Su Padre, Jesús carga el madero de la Cruz a la cima del Gólgota para ofrecer el sacrificio perfecto que redime al mundo.

Iluminados por el Espíritu Santo, podemos comprender el significado más profundo de las palabras de Juan al Bautista a sus discípulos, cuando señalando a Jesús dice: "He allí el Cordero de Dios que quita el pecado del mundo" (Jn 1:29). Durante Su ministerio público, la gente lo llama "Mesías," "Rabino," "Hijo de Dios," "Salvador," y "Señor." "Cordero de Dios" es, sin embargo, el primer apelativo dado a Jesús en los cuatro evangelios.

El Bautista Le da ese título a Jesús durante las celebraciones de la fiesta de la Pascua judía. Los caminos estaban repletos con gente trayendo sus corderos de un año de edad para sacrificarlos en el Templo en Jerusalén. A la vista de los corderos, Juan Bautista llama a Jesús "el Cordero de Dios" pues desde el comienzo de Su vida, Jesús vino a sacrificarse por nuestros pecados.

Lo que prometieron los numerosos sacrificios de la Antigua Alianza, Jesús lo cumplió. Él es el Cordero que no fue provisto por manos humanas sino por Dios mismo. Dios, Quien eximió a Isaac, "no eximió a Su propio Hijo sino que nos Lo entregó" (Rom 8:32). Con el don del entendimiento, pues, reconocemos en Jesús al Hijo Amado que entrega Su propia vida como el verdadero sacrificio que derrama las bendiciones de Dios sobre Su pueblo, tal cual lo prometió a Abrahán.

Por medio del don del entendimiento, podemos entender de manera más profunda aquellos acontecimientos en nuestras vidas tocados por la providencia de Dios. Reconocemos la mano de Dios no solo en nuestros momentos gozosos, sino también en las pruebas y sufrimientos que nos afligen. Llegamos a entender con convicción que, en absolutamente todo, Dios nos llama a una comunión más profunda con Él. Como lo dice San Pablo: "En todas las cosas interviene Dios para bien de los que le aman" (Rm 8:28).

Además, por medio del don del entendimiento, podemos apreciar los misterios de nuestra fe que celebramos en los sacramentos. Los entendemos como acciones por medio de las cuales Dios consigue nuestra salvación. Así pues, nosotros reconocemos en cada Eucaristía no simplemente una reunión de la comunidad para la adoración, sino más profundamente como el sacrificio mismo de la Cruz hecho presente entre nosotros por el poder del Espíritu Santo.

Y como un don infundido por el Espíritu Santo, el entendimiento es más que tan solo un *Eureka* que viene y pronto se va. Es un hábito de la mente, que no se gana con la experiencia, sino es concedido por la gracia. Por medio de él, nos hacemos poseedores de una aptitud permanente que nos permite comprender la revelación, tanto de verdades sobrenaturales como las de la razón. El don del entendimiento nos permite ver la unidad del plan de Dios para con el mundo y nosotros. Así pues, el don del entendimiento nos eleva por encima del mundo y nos conduce a una unión más profunda con el amor de Dios.

En este mundo, el verdadero entendimiento entre los seres humanos es el fundamento para la paz y la caridad. Reflexionando en el perdón, el poeta Henry Wadsworth Longfellow dijo una vez: "Si nos fuera posible leer las historias secretas de nuestros enemigos, encontraríamos en sus vidas tristezas suficientes y sufrimientos bastantes para desarmar cualquier antagonismo." Si nos fuera posible entender la angustia y el sufrimiento que abruman a otros, nuestra propia empatía nos llenaría de compasión por ellos. Lo opuesto a esto también es cierto.

Si otros pudieran realmente comprender nuestros sentimientos, nuestros pensamientos, y nuestros sufrimientos, estarían mejor preparados para unirse a nosotros en caridad. Así como quisiéramos que otros nos entiendan, Dios quiere que lo entendamos. Y es por ello que Dios nos da el don del entendimiento. Tal cual lo enseña Santo Tomás: "En esta vida, cuando la visión espiritual es purificada por el don del entendimiento, es posible, hasta cierto punto, ver a Dios" (*Summa Theologica*, II-II, q. 69, a. 2, ad. 3).

Al final de su evangelio, San Lucas relata la aparición del Señor Resucitado ante dos discípulos que estaban en camino a Emaús (Lc 24:13-35). Este evento provee un ejemplo excelente de lo que es el don del entendimiento. Cleofas y otro discípulo salen de Jerusalén. Es el día de Pascua ya casi al anochecer. Están tristes y confundidos por la muerte de Jesús. Ellos no pueden comprender como pudo Jesús acabar siendo crucificado si realmente era el Mesías. Estaban esperando un Mesías que vendría a liberarlos de la opresión política. Y Jesús no lo consiguió.

El Jesús Resucitado Se une a ellos en el camino, pero ellos no Lo reconocen. Cuando Jesús les pregunta acerca de que están hablando, ellos Le cuentan los sucesos de la pasión y muerte de Jesús. Ellos incluso Le cuentan acerca de la tumba vacía. Ellos conocen bien todos los acontecimientos, pero les falta el entendimiento. Jesús entonces les da una lección en las Escrituras. "Y empezando por Moisés y continuando con todos los profetas, les explicó lo referente a Él en todas las Escrituras" (Lc 24:27). Les mostró cómo todos aquellos sucesos de los que habían sido testigos eran parte del plan divino encontrado en las Escrituras.

Hablando Jesús a ellos, empezaron a comprender estas verdades. Y cuando Jesús partió de en medio de ellos, "se dijeron el uno al otro: ¿No ardía nuestro corazón dentro de nosotros mientras nos hablaba en el camino y cuando nos abría las Escrituras?" (Lc 24:32). Como observa el Papa Francisco: "El misterio entra por el corazón" (Discurso a los Obispos de Brasil, Río de Janeiro, 2013). Ya en aquel anochecer de Pascua en el camino a Emaús, los primeros discípulos reciben el don del entendimiento. El don del entendimiento nunca consiste solamente en explicaciones racionales. Es, como lo muestra el evento de Emaús, el poder ver con el corazón.

CAPÍTULO 3

El Don del Conocimiento (o de la Ciencia)

Deseando lo Infinito

En el siglo XVI, mientras Miguel Ángel pintaba la Capilla Sixtina, el Papa Julio II encargó a Rafael decorar los cuartos del Palacio Apostólico. El joven Rafael aceptó hacerlo. Su primer fresco *La Escuela de Atenas*, impactó muchísimo a los artistas de su época. Recibiendo inmediato éxito, la pintura ha sido reconocida como la obra maestra más destacada de Rafael.

En esta pintura, Rafael pone veintiuno individuos en medio de una bella arquitectura clásica. Se ven allí los más grandes filósofos, matemáticos, y científicos de diferentes períodos de la historia. Rafael incluyó algunos de los pensadores y artistas más grandes de su propia época. Bramante aparece como Euclides, y Leonardo da Vinci como Platón. Sentado y apoyándose contra una pared de mármol, Miguel Ángel aparece como Heráclito. Y, al extremo derecho del fresco, Rafael aparece mirando en nuestra dirección.

En el centro del fresco se ven a Platón y Aristóteles. Ambos filósofos griegos han sido de enorme influencia en el pensamiento cristiano. Platón está a la izquierda. Él es el de mayor edad y aparece canoso. Está sosteniendo en su mano izquierda el *Timeo*. En este trabajo famoso, Platón examina la belleza y el orden del universo. Su mano derecha apunta hacia arriba. Para Platón, la verdad última, la belleza y la bondad se encuentran solamente fuera de este mundo. Platón mira al universo como a la obra maestra de un divino artesano que tiene una razón y un propósito para crear un universo ordenado.

En el fresco de Rafael, a la derecha de Platón, vemos a su alumno más distinguido, Aristóteles. Un hombre mucho más joven, carga en su mano izquierda su famosa obra *Ética nicomáquea* que explora como vivir la vida de la mejor manera. Mirando fijamente a su maestro, Aristóteles apunta hacia afuera con su mano, como diciendo que la verdad se la encuentra experimentando con las cosas de este mundo que se pueden ver y tocar.

A diferencia de artistas de generaciones previas, Rafael ha creado una escena que es mucho más que tan solo una alegoría del conocimiento. Las figuras en su pintura son dinámicas. Se ven en movimiento. Están discutiendo, enseñando, aprendiendo.

Al pintar en una magistral obra arquitectónica a todos estos personajes ocupados juntos en la aprehensión, Rafael ha expresado de manera poderosa la convicción o la verdad de que encontramos en el espíritu humano la sed universal por la verdad. Dedicada a la filosofía, *La Escuela de Atenas* inmortaliza el hecho de que el conocimiento de toda realidad, incluyendo la existencia de Dios, Que en Sí mismo es verdad y bondad, puede lograrse a través del uso del razonamiento humano, meditando en las cosas del mundo.

Desde cuando Adán y Eva comieron del fruto del árbol del bien y del mal, sus descendientes han poseído el deseo de aumentar su conocimiento de este mundo. Científicos escrudiñan el universo buscando sus secretos. Los historiadores anotan e interpretan nuestro pasado con el fin de iluminar nuestro futuro. Psicólogos analizan las profundidades de la psicología humana para entender nuestras emociones. Y, los filósofos, con razonable tranquilidad, buscan las respuestas últimas.

Hay, de hecho, un apetito dentro de nuestras almas que solamente el verdadero conocimiento puede satisfacer. Sócrates dijo una vez: "Lo único que es bueno es el conocimiento, y lo único que es malo es la ignorancia." Platón reconoció que "el conocimiento es el alimento del alma." Aristóteles enseñó que "todo hombre por naturaleza desea el conocimiento." El verdadero objeto de este deseo universal es el de la verdad de las cosas y no solamente teorías u opiniones. Solo el verdadero conocimiento lleva al bien.

Desde los tiempos de los filósofos de la Antigua Grecia hasta los días del Renacimiento, hubo un acercamiento holístico al conocimiento. Pero, con la llegada de la Ilustración y el divorcio posterior entre la fe y la razón, ha habido un continuo resquebrajamiento y fragmentación del conocimiento. En el mundo académico de hoy, se forman especialistas en todas las disciplinas. Nuestro sistema educacional provée más y más información que se enfoca y especializa en muchas y muy variadas áreas del conocimiento. Información es generada, transmitida, y almacenada a velocidades que no dejan de ir en aumento gracias a la tecnología. Como resultado, "en los últimos 150 años, hemos perdido no solamente la posibilidad de un conocimiento amplio e integrado; hemos perdido incluso el mito mismo de ello." (Steven B. Sample, "The Great Straddlers as Successor to the Renaissance Man," 13 marzo 1993).

Estamos hoy en día constantemente expuestos al entendimiento racionalista y fragmentado de la realidad. Y como consecuencia de ello, a menudo estamos tentados a aceptar simplemente la interpretación naturalista del mundo. Corremos el riesgo de convertir las cosas materiales de este mundo—por ejemplo, posesiones, placer, y poder—en el objetivo principal de nuestras vidas. Para ayudarnos a evitar esta tentación y juzgar correctamente la realidad creada, el Espíritu Santo nos da el don del conocimiento.

En su benévola providencia, Dios ha creado todo lo que existe. Como lo enseña Santo Tomás de Aquino: "Dios creó las cosas para que Su bondad fuese transferida a las criaturas y fuese representada por ellas …Pues el bien, que en Dios es sencillo y uniforme, en sus criaturas es variado y dividido" (*Summa Theologica*, I, 47, 1). Así, todo lo que Dios ha creado refleja, de una u otra manera, Su Verdad, Su Bondad, y Su Belleza, y nos puede encaminar hacia Él. Por medio del don del conocimiento, reconocemos la perfección de Dios en las cosas del mundo, y ello nos lleva a adorarle.

El don del conocimiento nos ayuda a valorar correctamente las cosas. Nos permite ver la dependencia de la creación en su Creador. Si tenemos el don del conocimiento, no les damos a las criaturas más valor del que se merecen. Y, ciertamente que evitamos hacer de ellas el propósito de nuestras vidas. ¡Solo Dios lo es! (ver *Summa Theologica*, II-II, q. 9, a. 4). En una palabra, el Espíritu Santo nos permite ver la creación en relación con Dios.

El don del conocimiento no es el producto de un proceso laborioso de razonamiento. No es algo que se aprende en la escuela. El don del conocimiento induce nuestro intelecto a través de un impulso divino. El don del conocimiento nos permite tomar las decisiones correctas acerca de las cosas de este mundo. El don del conocimiento nos ayuda a juzgar correctamente no solo cosas, sino también circunstancias y eventos. Y de una manera limitada, nos permite también ver el propósito de Dios para nuestras vidas.

Por una parte, nos permite apreciar la creación. Vemos lo bueno de las cosas, la belleza y la verdad presentes en lo creado como cosas provenientes de Dios. Vemos "la infinita distancia que separa las cosas del Creador, su intrínseca limitación, la insidia que pueden constituir cuando al pecar, hace de ellos mal uso. Es un descubrimiento que le lleva a advertir con pena su miseria y le empuja a volverse con mayor ímpetu y confianza a Aquel que es el único que puede apagar plenamente la necesidad de infinito que le acosa..." (San Juan Pablo II, *Regina Coeli*, 23 abril 1989).

Por otra parte, el don del conocimiento nos permite separarnos de este mundo. Reconocemos que las cosas materiales no nos proporcionan la felicidad última que proviene solo de Dios. Así pues, no tropecemos en las

cosas del mundo. Ya ellas no son obstáculos en nuestro peregrinar hacia Dios. Por el contrario, las utilizamos como puntos de apoyo que nos ayudan a acercarnos al Dios Que tanto nos ama y que nos ha dado todo lo que hay en este mundo.

Vemos "las cosas como manifestaciones verdaderas y reales, aunque limitadas, de la verdad, de la belleza, del amor infinito que es Dios, y como consecuencia, [nos sentimos] impulsados a traducir este descubrimiento en alabanza, cantos, oración, y acción de gracias" (ibid.).

CAPÍTULO 4

El Don del Consejo

Una Guía Actual

Los horóscopos, las cartas del tarot, la lectura de palmas, la astrología y la taseografía (lectura de patrones de conchos del café, hojas de té, o sedimentos de vino que quedan en una taza vacía) siguen siendo tan populares hoy como leer las entrañas de los animales era en los tiempos de la Antigua Roma. La adivinación, de una manera u otra, es tan antigua como la raza humana. Desde reyes hasta pobres, las personas siempre han tenido el deseo de saber qué les espera en el futuro, ya sea bueno o malo, para tomar las decisiones correctas.

Sin duda, el más famoso de todos los lugares para consultar sobre el futuro era el antiguo santuario del oráculo de Delfos en Grecia. Ubicado en el monte Parnaso, cerca del golfo de Corinto, este santuario tenía una gran popularidad. La fama de Delfos se debía a la naturaleza humana misma. La gente siempre quiere el consejo correcto para guiar sus vidas hacia el éxito. Los antiguos pueblos del Mediterráneo no eran diferentes. No tomaban ninguna decisión importante sin consultar primero al oráculo de Delfos.

En Delfos, la Pitia, o sacerdotisa de Apolo, respondía a preguntas sobre cualquier cosa, desde el tiempo para ir a la guerra hasta el tiempo para que un agricultor siembre sus cultivos. Los gobernantes y la gente común, los jefes de estado y los agricultores ordinarios, los griegos y los extranjeros hicieron peregrinación a este santuario. Los devotos siempre estaban dispuestos a pagar un gran precio para mirar hacia el futuro. Los estados incluso bañaban el santuario con ricos regalos para mantener el favor del oráculo. Con el tiempo y la difusión del cristianismo, Delfos se vio sumido en una ruina arqueológica. Apolo no era rival para Cristo.

La fe cristiana no da cabida a la adivinación. Tampoco permite un lugar para manipular el futuro para nuestro propio bien. Dios está en control de Su creación. No las estrellas. No los demonios. No las hojas de té. En el centro de la fe está el acto de confianza en la sabia providencia del Dios Que ama a todos. Confiar en Dios desecha la preocupación y la ansiedad por el futuro. Como Jesús enseña en el Sermón del Monte: "No os preocupéis, diciendo: '¿Qué comeremos?' o '¿qué beberemos?' o '¿con qué nos vestiremos?' Porque los gentiles buscan ansiosamente todas estas cosas; pero vuestro Padre celestial sabe que necesitáis todas estas cosas.

Buscad primero su reino y su justicia, y todas estas cosas os serán añadidas" (Mt 6:31-33).

Cuando se recurre a cualquier forma de predicción del futuro o de adivinación, en realidad se duda de la bondad de Dios y se confía en fuerzas distintas a Dios para dirigir sus decisiones. "Para resolver sus problemas, muchas personas recurren a los adivinos y las cartas del tarot. ¡Pero solo Jesús salva, y debemos dar testimonio de esto! Él es el único" (Papa Francisco, Misa matutina en Domus Sanctae Marthae, 5 abril 2013). Nuestra curiosidad sobre el futuro nunca debe disuadirnos de confiar en el Señor. Como San Pablo nos recuerda: "En todas las cosas interviene Dios para el bien de quienes Lo aman, de quienes son llamados según Su designio" (Rm 8:28). Y, Él nos ofrece el regalo de Su consejo para ayudarnos a elegir el bien que Él quiere para nuestra felicidad.

En tiempos del Antiguo Testamento, Dios les dio a Sus profetas el consejo que necesitaban para guiar a Su pueblo. Como Amós anunció a la gente del reino del norte de Israel: "El Señor Dios no hace nada sin revelar Sus designios a Sus siervos los profetas" (Am 3:7). Durante el exilio babilónico, Jeremías se separó de aquellos que no conocían el plan de Dios para la nación.

En el siglo VI antes de Cristo, los falsos profetas prometían paz y seguridad ante una inminente invasión de Babilonia. Sin embargo, Jeremías estaba prediciendo el castigo por los pecados de la nación. Jeremías advierte contra estos profetas de la paz. Él dice: "No escuchéis las palabras de los profetas que os profetizan; os alimentan con vanas esperanzas; hablan visión de su propio corazón, no de la boca del Señor" (Jr 23:16). Jeremías expone sus credenciales como falsas al decirle a la gente que estos profetas no han estado en el concilio del Señor. Ellos no lo vieron. Ellos no escucharon su palabra (ver Jr 23:18). Permanecer en "el concilio del Señor" distingue al verdadero profeta del falso.

En su dramática confrontación con Acab, rey del reino del norte, Israel, el profeta del siglo IX Micaías ben Imla describe vívidamente "el concilio del Señor." Acab ya ha iniciado un plan para recuperar Ramot de Galaad. Esta ciudad de refugio levítica estaba estratégicamente ubicada al este del Jordán. Los sirios habían capturado esta ciudad fronteriza, y Acab estaba decidido a recuperarla.

Después de hacer sus planes, Acab invita a Josafat, el rey del reino del sur, Judá, a unirse a él en su campaña militar. Aunque en términos amistosos entre ellos, los dos reyes difieren enormemente. Junto con su despiadada esposa Jezabel, Acab había corrompido el reino del norte con la adoración de dioses falsos. Pero Josafat había desterrado la idolatría de Judá. Profunda era su piedad y fuerte su influencia en la eliminación de la falsa adoración en su reino y en la promoción de la estricta adherencia a la Torá entre sus súbditos.

Así que, cuando Acab pone su propuesta de guerra ante él, Josafat no está de acuerdo hasta que ambos busquen el consejo del Señor. Esto debería haberse hecho antes, y no después, que la decisión de ir a la guerra ya se había tomado. Con aquellos que no tienen fe, Dios nunca es un factor en la formulación de sus planes. Pero, con los que tienen fe, ninguna área de la vida está fuera de la sabia providencia de Dios.

Simplemente para satisfacer a Josafat, el menos escrupuloso Acab convoca a los cuatrocientos profetas de Baal. Con una sola voz, aplauden sus planes. La verdad no les preocupa. Cuestiones de principio importan poco. Ellos tienen el temor de desagradar al rey a quien le deben su sustento. Le dicen al rey lo que él quiere escuchar. Actúan por respeto humano.

Es un deseo natural querer complacer a quienes están por encima de nosotros y a quienes nos rodean. Pero, cuando obtengamos el favor de otros en pequeñas cosas, terminaremos por entregar nuestros principios en asuntos grandes. Es mejor incurrir en el disgusto de los demás diciendo la verdad que perder la integridad personal al complacerlos con una mentira. Cada día, nosotros enfrentamos la dura elección entre buscar la aprobación de Dios y ganar la aprobación de los demás. Nuestra naturaleza pecaminosa nos inclina a tomar esas decisiones que nos ponen en armonía con la Ciudad del Hombre, mientras que Dios constantemente nos dota con Su gracia para que vivamos como buenos ciudadanos de la Ciudad de Dios. La elección es nuestra.

Según Flavio Josefo, el historiador judío, cuando los profetas de Acab hablaron, Josafat entendió por su lenguaje que ellos eran unos falsos profetas. Inmediatamente él les pide que consulten a un profeta del Señor. Micaías, el hijo de Imla, fue convocado a la corte. Un solo profeta fiel al Señor valía más que cuatrocientos halagadores. Pero Acab aborreció a Micaías. Cuando su nombre es pronunciado, estalla en ira. Él lo acusa de profetizar solo el mal. Incluso le sugiere a Josafat que Micaías exponga sus opiniones personales como si fueran oráculos desde lo alto.

En este contexto donde se cuestionan las credenciales del profeta, Micaías explica el origen de sus declaraciones proféticas. Él dice: “Yo vi al Señor sentado en Su trono, y todo el ejército de los cielos estaba junto a Él, a Su derecha y a Su izquierda. Y el Señor dijo: '¿Quién inducirá a Acab para que suba y caiga en Ramot de Galaad?' Uno decía de una manera y el otro decía de otra. Entonces se adelantó un espíritu, se puso delante al Señor y Le dijo: 'Yo lo induciré.' El Señor le preguntó: '¿De qué manera?' Él dijo: 'Saldré y seré un espíritu de mentira en la boca de todos sus profetas.' El Señor le dijo: 'Tú conseguirás inducirlo; ve, pues, y hazlo así.' Ahora el Señor ha puesto un espíritu de mentira en la boca de todos tus profetas, y ha decretado el mal en contra tuya" (1 R 22:19-23).

En esta visión de Micaías, Dios aparece como el rey sentado en Su trono. Dios está en la corte, rodeado por los dioses de las naciones paganas que cumplen Sus órdenes. Mientras Dios reflexiona con Su corte sobre el destino de Acab, el propio profeta es admitido en la reunión del concilio celestial. Por lo tanto, el verdadero profeta es el que se encuentra en medio del concilio (*sodh*) de Dios, de donde proviene el consejo de Dios (*sodh*).

Acab no presta atención al consejo de Dios dado por Micaías. Las personas obstinadas rara vez son suficientemente fuertes como para cambiar de opinión cuando la razón urge y la fe exige. Acab se disfraza y va a la batalla en Ramot de Galaad. Un hombre, montado en su carro, dispara su flecha y, sin saberlo, mata al rey. ¡Así de fácil los enemigos de Dios perecen!

David mató a Goliat con una piedra. Un guerrero sin nombre derriba al orgulloso y obstinado rey de Israel. Ninguna armadura protege a los que les dan la espalda a los dones de Dios. La desgracia añade a su muerte la ignominia. Las Escrituras hebreas dicen que los perros lamieron el sangre de Acab. La Septuaginta (la traducción griega del Antiguo Testamento) añade más insulto al decir que los cerdos también lamieron su sangre. No había otro animal más repugnante para el piadoso israelita.

Dios es paciente. Él no quiere que nadie perezca. Él quiere que todos se arrepientan, cambien sus mentes y sus corazones, y vivan de acuerdo con Su plan, Su consejo (ver 2 P 3:9). Él nos ama demasiado como para quitarnos la libertad. Con el don del consejo, Él muestra lo que es mejor para nuestra felicidad eterna. Con la gentil presencia del Espíritu Santo, mueve nuestra conciencia para reconocer lo que es correcto que hagamos (San Buenaventura, *Collationes de septem donis Spiritus Sancti,* VII, 5). De esta manera, vemos con mayor claridad lo que es mejor hacer en cualquier situación, sin importar lo complicado y confuso que sea.

Dios no nos deja solos. Él siempre está presente, ayudándonos y guiándonos. En la Última Cena, Jesús nos prometió el Espíritu Santo. Él dijo: "Yo rogaré al Padre y os dará otro Defensor, para que esté con vosotros para siempre, el Espíritu de verdad.... No os dejaré huérfanos" (Jn 14:16-18). El Espíritu Santo es nuestro defensor. La palabra "defensor" traduce la palabra griega *parakletos* en este pasaje. Viene del verbo griego *parakalein*. A menudo usado en un contexto legal, este verbo significa hablar en apoyo de algo como defensor en un caso de defensa. También significa exhortar o instar.

Una y otra vez, el verbo *parakalein* es la palabra de la convocatoria. Es la acción de los líderes que urgen a sus soldados a luchar. Un "paracleto" es el que pone coraje en los débiles de corazón y hace que la persona común luche con valentía en la batalla, como hizo Jenofonte de Atenas con sus tropas cuando se unieron al intento de Ciro de Persia de recuperar su trono.

Como "Paráclito," el Espíritu Santo nos guía, nos aconseja, nos consuela y nos impulsa en nuestra lucha diaria para ser fieles seguidores de Jesús. El Espíritu Santo está siempre a nuestro lado para darnos consejo. Él es nuestro Consejero que nos lleva a toda verdad (ver Jn 16:13).

El don del consejo del Espíritu Santo no nos exime de ejercer la virtud natural de la prudencia. La prudencia es la comprensión de sentido común acerca de nuestras vidas que nos impulsa a tomar la decisión adecuada para un momento y lugar determinado. Nos permite usar nuestra razón para juzgar cuáles acciones son buenas y cuáles son malas, no solo en general, sino en particular. En las circunstancias concretas de nuestra vida, la prudencia nos enseña el dorado término medio que está al centro de todas las virtudes naturales. Sin la prudencia, el coraje se convierte en temeridad y la misericordia es simplemente tolerancia.

Con Su gentil presencia dentro de nosotros, el Espíritu Santo lleva la virtud natural de la prudencia a un nivel sobrenatural con Su don del consejo. El don del consejo es, como lo describe Santo Tomás de Aquino, "la perfección de la prudencia." Eleva esa capacidad para entender lo que está sucediendo en nuestras vidas y para actuar con sensatez a la luz de ese nuevo entendimiento. Nos facilita hacer juicios rápidamente a la luz de nuestro destino sobrenatural.

El don del consejo del Espíritu Santo abarca todos los aspectos de nuestras vidas porque nada está fuera de la sabia providencia de Dios.

El don del consejo no nos brinda una respuesta específica a nuestra pregunta sobre lo que nos sucederá en el futuro. ¡No! Es la guía que se da en un momento particular acerca de cómo vivir una vida de bondad en el presente.

Los padres, maestros, estudiantes, niños, adultos jóvenes, y servidores públicos enfrentan cada día una serie de opciones entre el bien y el mal. En muchos casos, la elección no es tan clara. A través del don del consejo, el Espíritu Santo nos ayuda a discernir lo bueno de lo malo. El regalo no nos da una respuesta ya hecha. Más bien, con Su don del consejo, el Espíritu Santo despierta dentro de nosotros una atracción por lo que es apropiado de hacer y una repugnancia por lo que es pecaminoso. Nos asegura, en momentos de alegría y sufrimiento, en momentos favorables y adversos, que estamos actuando correctamente para nuestra propia salvación y la gloria de Dios.

En la Biblia, el rey Salomón es recordado como el hombre más sabio de todos los tiempos. Atrajo a muchos dignatarios importantes que lo visitaban. Él mismo da el secreto de su capacidad para gobernar con tanto éxito. Él dice: "El éxito depende de los muchos consejeros" (Pr 24:6). Los buenos líderes están dispuestos a escuchar a los demás. Son suficientemente humildes para saber que no lo

saben todo. Están listos para prestar atención al consejo de aquellos que están más informados. No necesitamos viajar a lugares distantes como Delfos, ni necesitamos acudir a adivinos para encontrar el mejor consejero. A través del Bautismo y la Confirmación, el Espíritu Santo mora dentro de nosotros. Cuando abrimos nuestros corazones y estamos listos para seguir al Espíritu Santo que nos incita con Su don del consejo, llegamos a poseer un sentido común intuitivo y sobrenatural para guiarnos. ¡Qué tesoro inestimable en nuestra búsqueda de la verdadera felicidad!

CAPÍTULO 5

El Don de la Fortaleza

El Triunfo sobre el Miedo

En los anales de la historia, nuestro tiempo será recordado como el del regreso a la época de los mártires. En los primeros tres siglos del cristianismo, los cristianos prefirieron enfrentar la muerte con valentía antes que negar su fe. Sin embargo, si le damos un vistazo rápido a la totalidad de la historia de la Iglesia, ella revela un hecho sorprendente, que el sesenta y cinco por ciento de todos los mártires son de nuestra era. Tal como el Papa Juan Pablo II escribió: "En nuestro siglo han vuelto los mártires, con frecuencia desconocidos, casi '*militi ignoti*' de la gran causa de Dios" (*Tertio Millennio Adveniente*, 37).

Muchos viven en lugares donde los gobernantes, grupos sociales, o incluso individuos restringen la habilidad de la gente de practicar su fe con libertad. En aquellos países donde la hostilidad contra los cristianos es abierta y clara, no sorprende a nadie que se ponen nuevas restricciones a la religión. Lamentablemente, sorprende y decepciona el ver que también países como Suiza y los Estados Unidos se están moviendo en esa misma dirección, cual es, la de restringir la práctica de la religión.

No hay país alguno hoy en día donde cristianos devotos puedan escapar persecución debido a su fe, o incluso hostilidad hacia la misma. A veces, la oposición es abierta y sin subterfugios; otras tantas, es sutil. Simplemente, hoy al cristiano no le es posible escapar el reto de convertirse en un mártir, o sea, un testigo de la fe. Para algunos ello lleva a hacer el máximo sacrificio del martirio, o sea, entregar sus propias vidas por el Evangelio. Todos estamos llamados a vivir en testimonio a la fe. Cualquiera que sea la situación, hace falta la virtud de la fortaleza.

En medio de tantos retos desalentadores, Dios no nos abandona. Él nos da fortaleza cuando desfallecemos. Él ilumina nuestro intelecto para que podamos saber y entender lo que moralmente es bueno. Él nos apoya, nos sostiene, y nos da fortaleza, uno de los siete dones del Espíritu Santo. Este don nos habilita para hacer lo que es moralmente correcto a pesar de cualquier tipo de oposición.

Cuando nos topamos con amenazas en contra de nuestra integridad, o con obstáculos en contra de nuestras buenas acciones, la fortaleza nos ayuda a vencer el temor y a actuar. Es el valor que nos ayuda a vivir al máximo la fe cristiana, aun cuando enfrentemos hostilidad y burla. La fortaleza no es la audacia. “No es la ausencia de temor, sino la habilidad de triunfar sobre el temor. El valiente no es el que no siente miedo, sino quien lo conquista" (Nelson Mandela). El cristiano vence al miedo con la ayuda del poder del Espíritu Santo.

Ejemplos de valor abundan en las Sagradas Escrituras. Moisés contra el Faraón. David contra Goliat. Daniel en la guarida del león. Ester ante Asuero, rey de Persia. Esteban cuando lo apedrearon. Pedro y Juan ante el Sanedrín. Pablo ante Festo. La lista es larga. La historia tampoco carece de una lista que muestra quienes sufrieron el martirio por decir la verdad. Tomás More frente al parlamento de Inglaterra. Edith Stein ante los nazis. Rosa Parks en un bus en Montgomery. Oscar Romero estando en el altar. Martín Lutero King, Jr., en su púlpito. Hay quienes aceptan la muerte como el precio a pagar por su fidelidad a la verdad. Otros son llamados a ser testimonios de la verdad. En todos ellos actúa la fortaleza.

Un modelo extraordinario en la Biblia de lo que es tener fortaleza es Débora. Ella vivió en el siglo XII antes de Cristo. La primera vez que la Biblia nos habla de ella es cuando la describe como una profetisa (ver Jc 4:4). En ese papel, ella está al mismo nivel de Miriam, la hermana de Moisés (ver Ex 15:20), y la esposa del profeta Isaías (ver Is 8:3), y Hulda (ver 2 R 22:14).

En una sociedad donde prevalecía el hombre, estas mujeres jugaron papeles de suma importancia en la historia del pueblo de Dios durante el tiempo del Antiguo Testamento.

De igual forma, en los días del Nuevo Testamento, la mujer tuvo papeles de importancia en la vida espiritual de la Iglesia primitiva. Priscila era una colaboradora valiosa para el apostolado de San Pablo (ver Rm 16:3). Las cuatro hijas del diácono Felipe eran profetisas (ver Hch 21:9). Cloé parece haber sido la líder de una comunidad cristiana que se reunía en su casa en Corinto (ver 1 Co 1:11).

Y no podemos pasar por alto Junia. Pablo la elogia y dice que ella "se destaca entre los apóstoles" (Rm 16:7). En generaciones posteriores, no fueron pocos los que se negaron a aceptarlo: Junia, una mujer, ¿entre los apóstoles? Así fue que, en el siglo XIII, Egidio de Roma cambió el nombre "Junia" (femenino) por "Junias" (masculino). Le siguieron algunos traductores bíblicos para quienes era repugnante poner el nombre de una mujer en una lista de los apóstoles. Pero tanto en el Antiguo como el Nuevo Testamento, Dios llamó a Su servicio a mujeres de gran virtud. Y lo hace incluso hasta en nuestros días. Entre todas ellas sobresale Débora como modelo de valor.

Cuando Dios reclutó a Débora a su servicio, el Pueblo Elegido habitaba en la Tierra Prometida por un siglo. Luego de la conquista de Canaán hasta la coronación real de Saúl, las doce tribus de Israel eran una especie de confederación informal. Pero como en tiempos de crisis hacía falta una unidad más estable, Dios elevó de entre ellos líderes carismáticos para librarle de los peligros a su pueblo. A estos líderes se los conoció con el nombre de "jueces." Ellos podían encontrar la raíz de su papel en los asistentes de Moisés que le ayudaban a remediar disputas entre la gente (ver Ex 18).

En los días de Débora, Israel era una nación débil y temerosa. Jabín, rey de Hazor, los había conquistado con crueldad. Y durante veinte años, los israelitas habían estado bajo el yugo de los cananeos. La gente estaba desmoralizada. No tenían esperanza de liberarse. El patriotismo era algo inexistente. Los israelitas se habían sumido en la adoración a dioses falsos y estaban cosechando el fruto de sus pecados.

En los montes de Efraín, Débora era una persona muy conocida. Con frecuencia se la encontraba sentada bajo un árbol de palma, siempre dispuesta a administrar justicia (ver Jc 4:5). Hombres y mujeres venían con frecuencia a recibir sus consejos. Su intuición humana contaba también con inspiración divina. En

Débora, se juntan la fe y la razón para llegar a la verdad. Como enseñó San Juan Pablo II: "La fe y la razón son como las dos alas con las cuales el espíritu humano se eleva hacia la contemplación de la verdad (*Fides et Ratio*, 1). Desafortunadamente, en nuestras instituciones académicas y en nuestra cultura secular, la fe y la razón han sido separadas. Pero la ciencia y la razón no son enemigas.

Dios nos ha bendecido con el don de la razón. La búsqueda racional de la verdad, si se hace con caridad, conduce siempre a la Verdad Que nos puede traer la felicidad duradera. Siendo católicos, somos herederos de un vasto repositorio intelectual, fruto de la búsqueda de lo verdadero en todas y cada una de las ciencias. Galileo, el padre de la ciencia moderna; Copérnico, quien fuera el primero en formular una cosmología heliocéntrica exhaustiva; Descartes, padre de la filosofía moderna; el monje Mendel, padre de la genética; Pasteur, fundador de la bacteriología; y el sacerdote Lemaître, padre de la teoría de la Gran Explosión; para nombrar tan solo a unos pocos. Nuestra fe no destruye la razón. La guía y la dirige, como una luz que ilumina en la neblina.

La fe abre nuestras mentes a Dios Que nunca está ausente de este mundo. La fe permite a nuestros corazones escuchar Su voz en cualquier circunstancia de nuestras vidas. Así pues, cuando los israelitas le cuentan a Débora acerca de las crueldades de los cananeos, ella miró más allá del ejército de Jabín. Ella vio el plan liberador de Dios. Escuchó Su voz y se puso en acción.

Débora llamó a Barac, el general del ejército de Israel, para comunicarle la voluntad de Dios: él debía librar al pueblo del yugo de los poderosos cananeos. Pero Barac tuvo dudas. Lo habían intentado sin éxito muchas veces. El enemigo era simplemente muy poderoso. Barac solo tenía 10,000 hombres que irían a luchar en contra de Sísara que comandaba 10,000 hombres y 900 carros de hierro.

Débora no se amedrenta. Ordena a Barac que vaya hasta la base del Monte Tabor a librar batalla. Este soldado experimentado, tímida y temerosamente se niega a hacerlo. Barac era un comandante militar provisto de habilidad y experiencia en combate, a quien le faltaba poder comprender el plan y la voluntad de Dios. Débora poseía ambos.

Débora no se dejó ganar por el temor de Barac. Su valor ante el criterio de Barac de lo peligroso de esta misión es memorable, y la respuesta que dio Barac es una de las más inusuales que se encuentran en las Escrituras. Barac respondió: "Si tú vas conmigo, yo iré;

pero si no vas conmigo, no iré" (Jc 4:8). Barac, que es un hombre, confiesa su dependencia de una mujer. Su respuesta es una muestra del grado de admiración que todo el pueblo tenía en Débora. Ella, sin pensarlo dos veces, "se levantó y se fue con Barac" (Jc 4:9). Y la batalla empezó.

Era la época lluviosa en Israel—es decir, entre octubre y diciembre. Se abrieron los cielos y descargaron su ira sobre los enemigos del pueblo de Dios. Una granizada cegó a los soldados del enemigo. El río Cisón desbordó de muchísima lluvia, convirtiendo el campo de batalla en un lodazal. Los pesados carros de los cananeos se paralizaron, y los cananeos se convirtieron en presa fácil de los israelitas. Israel ganó la batalla.

Dios había venido en auxilio de Su pueblo. Usó las fuerzas de la naturaleza en favor de los Suyos. Utilizó el valor de Débora para animarlos a la acción. Ninguna otra mujer se había elevado antes en Israel al pináculo del poder militar. No hay otra mujer en toda la Biblia que represente mejor un modelo de fortaleza. Donde los hombres temían, ella lideró con valor.

En los tiempos de Débora, el pueblo de Israel tenía que combatir la opresión de sus vecinos idólatras, quienes estaban contaminando su fe. Hoy en día tenemos una batalla parecida; el pueblo de Dios se encuentra combatiendo aquellos que le quieren robar de su derecho a practicar su fe. Cuando nos enfrentamos a un mal que parece invencible, es fácil pensar como Barac, con pesimismo, indiferencia, o escepticismo. Es el don de la fortaleza que proviene del Espíritu Santo el que va a prepararnos para la batalla por la liberación que nos permitirá practicar en paz nuestra fe.

La mentalidad secularista de hoy dice que las opiniones religiosas no deben ser permitidas en las decisiones del estado, del gobierno, o de la educación pública. Muchos son los profesores universitarios, jueces, y legisladores que activamente promueven la secularización de la sociedad. Con mucho fervor se esfuerzan en remover cualquier vestigio de moralidad judeocristiana en la arena pública. Los creyentes necesitan fortaleza no solo para resistir estos embates, sino también para transformar el pensamiento secular.

En una era en la que el secularismo prima, la vida es como un laboratorio donde tenemos la libertad para experimentar con muchas ideas y valores. Una cultura que rechaza a Dios constantemente ofrece alcohol, drogas, y sexo como vías para liberar al individuo de toda atadura moral. Para el tímido lo más fácil es unirse al resto. Hace falta fortaleza para poder pararse con firmeza y resistir ese impulso. "Ser la persona que eres en medio de un mundo que constantemente trata de convertirte en alguien diferente es el más grande de los logros" (Ralph Waldo Emerson).

Vivir en una sociedad que se enfrenta a nosotros con una diversidad numerosa de creencias, visiones mundanas, estilos de vida, y alternativas morales requiere que seamos tolerantes. Hay quienes definen tolerancia el aceptar como propias las convicciones de otros. Eso, sin embargo, no es tolerancia. Es consentimiento.

Tolerancia significa que vivimos en medio de otros en mutuo respeto y comprensión. Evitamos juzgar a los demás. Pero ello no significa que en nombre de la tolerancia dejemos de ejercer nuestro juicio moral. La deificación de la tolerancia por nuestra sociedad no debería demonizarnos cuando tenemos el valor de defender con firmeza nuestros principios morales y tener la fortaleza de vivir nuestras vidas según ellos. La verdad y el bien nunca deberían comprometerse si queremos vivir una vida realmente hermosa.

Los primeros cristianos tuvieron que luchar contra la cultura pagana en la cual vivieron. Sus valores morales eran muy distintos de aquellos favorecidos por el estado. El aborto y el infanticidio eran aceptados y practicados por gente de todos los estratos sociales. La mujer estaba siempre subyugada, primero a su padre, luego a su esposo. Ella carecía de identidad legal. A la mujer no le era permitido votar u ocupar puestos públicos. Se esperaba que los hombres libres tuvieran sexo extramarital con otras mujeres u otros hombres, y ello era considerado aceptable en cuanto se lo hiciera con esclavos, prostitutas, o concubinas. El divorcio era universalmente aceptado.

Cuando el cristianismo se expandió, los creyentes empezaron a rechazar estas prácticas como contrarias a las enseñanzas del Evangelio. Se aceptaba a los recién nacidos aun cuando nacieran con defectos. Se promovió la castidad. Se insistió en que el matrimonio fuese entre un hombre y una mujer. Y gradualmente se mejoró el estatus de la mujer. Y puesto que los creyentes protegieron con tesón sus creencias, la fe tuvo un efecto cambiador que fue fundamental en la vida pública; y ello ayudó a mejorar la sociedad, haciéndola más civil y humana. Hoy en día necesitamos una fortaleza parecida.

Fortaleza no es el exponerse imprudentemente al peligro y a la muerte. No, no lo es. Es en cambio un valor juicioso y razonable.

Consiste en ser firmes para defender la verdad, la justicia, la dignidad humana, y el bien común. Es la virtud moral que, pase lo que pase, nos permite caminar en la vida con una conciencia formada correctamente. Cuando el Espíritu Santo nos confiere el don de la fortaleza, ello nos prepara para poder enfrentar peligros sin vacilación, aceptar la adversidad de manera resoluta, y estar dispuestos a sufrir pérdidas por el bienestar de otras personas. Aquellos que han sido bendecidos con el don de la fortaleza aman a Dios y a su prójimo más que a ellos mismos. Los que poseen al valor moral nunca son egoístas.

Aunque muchos de nosotros jamás necesitaremos ejercer la virtud de la fortaleza de una manera dramática, el Señor nos llama a hacer uso de ella en nuestras decisiones diarias. Viviendo diariamente nuestra fe y las enseñanzas éticas de Jesús, encontraremos oposición y persecución. La fortaleza nos da el valor necesario para vencer la apatía y la complacencia. Nos pone en la senda que lleva a la acción ante los peligros que se acercan. Nos ayuda a no eludir el riesgo de ser marginados, de volvernos impopulares, o incluso en ocasión aun de perder una promoción o un empleo.

Valor moral no siempre se nos presenta con un estruendo. Muchas veces es el susurro de nuestra conciencia que a diario nos impulsa a actuar contra el mal. Hay muchos hoy en día que defienden y pelean por cambios sociales que son claramente opuestos a las enseñanzas de Jesús. Como seguidores fieles Suyos que somos, nos toca declarar la verdad y respetar la dignidad de la persona humana—sea esta rica o pobre, sana o enferma. Nos toca defender el derecho a la vida desde la concepción hasta el momento de la muerte natural. Nos toca defender el plan de Dios para el matrimonio y la familia y por la honestidad en los negocios, la justicia en la política, y la castidad en la sociedad. Estos son temas polarizadores en nuestros días. En algunos casos, "no hay respuestas fáciles, pero sí que hay respuestas simples. Tenemos que cobrar ánimo para hacer lo que es moralmente correcto" (Ronald Reagan).

La fortaleza nos confiere el poder de hablar, incluso cuando tiemble nuestra voz. Nos ayuda a actuar, incluso cuando nos toque hacerlo solos. La fortaleza no es garantía de que saldremos siempre victoriosos. Pero sí que nos habilita a ser fieles y valerosos contra el mal. Y este valor moral es ya la muestra de la victoria del Espíritu Santo sobre nuestros miedos y temores.

CAPÍTULO 6
El Don de la Piedad
La Verdadera Lealtad para con Dios y el Prójimo

En el interior de la Basílica de San Pedro en el Vaticano, hacia la derecha de la entrada principal, se aprecia *La Piedad* de Miguel Ángel. *La Piedad* muestra silenciosamente, a quien la observa, la pena profunda de María ante la muerte de su único Hijo. Haciendo reposar en su falda el cuerpo sin vida de Jesús, María mira con inmenso afecto al Hijo que ella trajo al mundo para ser su salvador. La mano abierta y extendida de María invita al visitante a compartir con ella sus propios sentimientos de amor y devoción a Jesús.

Esta obra maestra de Miguel Ángel, que data de la época del Renacimiento, inmortaliza en mármol la virtud de la piedad. No es de sorprender que Miguel Ángel haya escogido la piedad como el tema para la escultura religiosa más famosa del mundo. Los antiguos romanos, cuyo arte y cultura se ubican en el centro del Renacimiento, valoraron mucho la piedad.

Para algunos, el nombre "piedad" y el adjetivo "piadoso" sugieren una disposición sentimental o una actitud melosa. Conjura imágenes de una excesiva religiosidad o de una sentimentalidad superficial en asuntos de religión. Algunos incluso tienden a confundir piedad con hipocresía. Pero sería un malentender de lo que realmente es la virtud de la piedad.

En cambio, los antiguos romanos tradicionalmente pensaban que la piedad consistía en tomar con seriedad las responsabilidades. El hombre piadoso era aquel que cumplía con sus obligaciones para con los dioses y con los demás. En la época en la que la República Romana había empezado su decadencia, el gran filósofo y orador Cicerón dijo: "Piedad es justicia hacia los dioses y la base de toda virtud" (*De Natura Deorum 1.116*). Dijo asimismo que la piedad "nos aconseja cumplir con nuestras obligaciones para con nuestra nación, nuestros padres, y nuestros parientes" (*De inventione 2.22.66*). La piedad era a la vez una virtud religiosa y social. Y así la interpretan también las Sagradas Escrituras.

Por un lado, el Salmo 119 ejemplariza la piedad como una virtud religiosa. Este salmo, que es el más largo del salterio, ensalza la ley de Dios. Cada uno de sus versos contiene una palabra especial para describir la ley, por ejemplo, ordenanzas, mandamientos, estatutos, preceptos, y decretos. El salmo deja bien en claro que una persona realmente buena, alguien que es piadoso, se deleita en hacer la voluntad de Dios, pues su propio deseo es el de hacer lo que Dios manda. Este salmo captura la esencia de la piedad hebrea para con Dios. Tener piedad es tener respeto y reverencia por Dios y guardar Sus mandamientos, ni por miedo, ni tampoco como si el hacerlo fuera una carga, sino como la respuesta jubilosa al Dios Que quiere lo mejor para nosotros.

Por otro lado, el libro de Rut epitomiza la piedad como una virtud social. Rut, una mujer Moabita, se casa con el hijo de Noemí de Belén. El esposo de Rut fallece, así como también su cuñado, dejando a la madre de ambos, Noemí, viuda y solitaria. Rut no deja de querer y cuidar de su suegra. Cuando Noemí se aprestó a regresar a su casa en Judea, Rut le dijo: "A dondequiera que tú vayas, iré yo, y dondequiera que vivas, viviré. Tu pueblo será mi pueblo y tu Dios, mi Dios" (Rt 1:16). Para los hebreos, en esto consiste la verdadera piedad filial. Rut se mantiene en todo momento devota y leal a su familia. La piedad de Rut es bendecida por Dios a tal punto que, a pesar de ser una forastera, se convierte en la bisabuela de David, de cuyo linaje nace el Mesías.

La Piedad de Miguel Ángel captura ambas dimensiones de lo que es la piedad: la dimensión religiosa y la dimensión social. María con ternura abraza el cuerpo de Jesús crucificado. No se ve ninguna traza de rebeldía en su rostro. Su semblante sereno refleja su aquiescencia a la voluntad de Dios. Su Hijo fue obediente a la voluntad del Padre, aceptando una muerte en la Cruz para nuestra salvación. María también es obediente a la voluntad de Dios, a pesar de que la espada del dolor está perforando su corazón maternal.

Además, María está con Jesús hasta el final. De la cuna a la Cruz, María estuvo en todo momento junto a su Hijo, apoyándolo y amándolo. Ella lo acompaña a lo largo de su ministerio público. Nada pudo apartarla del niño que Dios había encomendado a su cuidado. Desde Caná hasta el Calvario, María está allí, dando amor a su Hijo. Y Jesús mismo correspondió a ese gran amor. En sus últimos momentos, Él vela por el bienestar de Su madre, y la entrega al cuidado de Juan, Su discípulo amado—nunca abandonando a uno de los Suyos. ¿No es éste el máximo ejemplo del deber o de la responsabilidad familiar? En esto consiste la verdadera piedad.

Las páginas de las Escrituras están repletas de personas piadosas que se mantienen firmes en su amor y obediencia a Dios y atentas a las necesidades de los demás. Abrahán muestra estar dispuesto a sacrificar a su hijo Isaac en obediencia a Dios. José rehúsa hacer nada que vaya a ofender a Dios. Simón y Ana devotamente esperan al Mesías. María Magdalena es la primera en visitar la tumba de Jesús. Tabita, la discípula rica, cuida de las necesidades de los pobres en Jope. Todos, con desinterés y mucho gozo, se entregan al servicio de Dios y del prójimo.

La piedad es uno de los siete dones que el Espíritu Santo confiere en el Bautismo y en la Confirmación. Como regalo infundido, es una disposición y una actitud que nos ayuda a seguir las inspiraciones del Espíritu Santo (ver *El Catecismo de la Iglesia Católica,* 1830-1831). Este don divinamente conferido nutre sentimientos de profunda confianza en Dios y Su voluntad para nosotros. Nos impulsa a hacer obras de misericordia y compasión para beneficio de otras personas.

La piedad facilita nuestra confianza en Dios, aun cuando no sabemos cuál fuese Su voluntad. La piedad abre la senda por la que nos es posible vivir vidas ordinarias en intimidad con Dios. La piedad nos lleva a la oración. Nos permite sentir el abrazo amoroso de Dios. Movidos por el don de la piedad, vivimos nuestras vidas en una continua conversación con Dios. No solo nuestras palabras, sino también nuestras obras y nuestro silencio, se convierten en oración. La piedad nos ayuda a rezar sin cesar, tal cual Pablo nos dice que lo hagamos en la Primera Carta a los Tesalonicenses 5:17. Y, cuando oramos sin cesar, es porque tenemos en todo momento motivos para estar agradecidos. Cuando la felicidad y la prosperidad son nuestras compañeras, agradecemos a Dios por esos dones. Cuando pasamos por pruebas y privaciones, nos alegramos en Su providencia. La persona verdaderamente piadosa está siempre unida a Dios en cuerpo y alma.

Además, como don del Espíritu Santo, la piedad nos ayuda a respetar y amar a otras personas con un amor práctico, un amor por el cual vamos en su ayuda cuando están pasando necesidades. Vemos a ellos como a hijos de Dios. Los reconocemos como parte de la familia de Dios, a la cual pertenecemos. Nos sentimos impulsados de tratar a todos "con la solicitud y la amabilidad propias de una genuina relación fraterna.... Dicho don está, por tanto, a la raíz de aquella nueva comunidad humana, que se fundamenta en la civilización del amor" (San Juan Pablo II, *Ángelus*, 28 mayo 1989).

Tener reverencia por Dios, obedecerle en todo, y mantenerse firme en la oración pueden resultar difícil y doloroso también. Permanecer unidos a nuestros familiares y prestos a ayudar al necesitado no es siempre fácil. Pero el don de la piedad nos permite mantener, sin titubear, nuestra devoción por Dios y el prójimo. Cuando quizá estemos tentados a darnos por vencidos, el Espíritu Santo nos fortalece con este don. El núcleo de la piedad verdadera es la lealtad inquebrantable, igual al que se puede apreciar en Jesús y María en la Pasión.

CAPÍTULO 7

El Don del Temor de Dios

Llenos de Alegría y de Temor en la Presencia de Dios

¡El miedo es una emoción que no parece deseable de ninguna manera! Al menos, eso es lo que piensa la mayoría de la gente. Francis Bacon dijo una vez: "Nada es terrible, excepto el miedo mismo." Edmund Burke creía que "ninguna pasión le roba tan eficazmente a la mente todos sus poderes de actuar y razonar como el miedo." Y Ralph Waldo Emerson observó que "el miedo derrota a más personas que cualquier otra cosa en el mundo."

Debido a esta comprensión negativa del miedo como una emoción incapacitante, muchas personas consideran que el miedo perjudica nuestra relación con Dios. Algunos evitarían la sola mención del temor a Dios de cualquier texto litúrgico. Otros lo quitarían completamente de nuestro vocabulario religioso. ¿Cómo es posible hablar de miedo al acercarnos al Dios Que nos ama tanto? Al fin y al cabo, ¿no dice la Sagrada Escritura que "Dios no nos ha dado un espíritu de timidez, sino de fortaleza, de amor, y de dominio propio" (2 Tm 1:7)?

El gran filósofo griego Aristóteles definió el miedo como un dolor que surge de la anticipación del mal. Dijo que "el miedo es causado por cualquier cosa que sintamos que tenga un gran poder para destruirnos, o para hacernos daño en formas que tienden a causarnos un gran dolor" (ver Aristóteles, *Retórica*, Libro II, capítulo 5). Para Aristóteles, el miedo se opone al amor. Él concluyó que "nadie ama al hombre a quien teme."

A diferencia de este entendimiento, la Sagrada Escritura nos dice que al Dios a Quien debemos amar, también Lo debemos temer. "Ahora, pues, Israel, ¿qué pide el Señor tu Dios de ti, sino que temas al Señor tu Dios, que andes en todos Sus caminos, y que Lo ames, y sirvas al Señor tu Dios con todo tu corazón y con toda tu alma" (Dt 10:12). Al definir nuestra relación con Dios, Deuteronomio coloca el temor a Dios primero. Y no por accidente.

Al menos unas trescientas veces, la Sagrada Escritura usa la palabra "temor" en referencia a Dios. En Génesis 22, encontramos por primera vez la idea del temor de Dios, no la de tener terror a Dios, sino como reverenciarlo y obedecerlo. Al anciano patriarca Abrahán se le ordena sacrificar a su único hijo Isaac. Para Abrahán, esto significa el fin de la promesa de que él sería el padre de un gran pueblo con una progenie tan numerosa como las arenas en la orilla del mar (ver Gn 32:12). Pero, cuando Abrahán está a punto de hacer lo que se le ha ordenado, el ángel del Señor detiene su mano con estas palabras: "No extiendas tu mano contra el muchacho, ni le hagas nada; porque ahora sé que temes a Dios, ya que no me has rehusado tu hijo" (Gn 22:12). En este caso, el miedo significa obediencia, no servil o feudal, sino obediencia filial. Es la obediencia de la fe que siente respecto hacia Dios y que confia en Dios, el Dios Que siempre está más allá de nuestra comprensión humana.

Cuando el patriarca José quiere que sus hermanos sepan que no les hará daño, les asegura que él teme a Dios (ver Gn 42:18). Cuando una tormenta violenta amenaza con destruir la nave en la que viaja el profeta Jonás, los marineros cuestionan su bondad. Él responde diciendo: "Temo al Señor Dios de los cielos, Que hizo el mar y la tierra" (Jon 1:9). Tanto José como Jonás permanecen asombrados y reverentes ante la voluntad de Dios. Hay que confiar en ellos.

Nehemías era el gobernador de los judíos cuando regresaron a su tierra después de la cautividad en Babilonia. Él se describe a sí mismo como un hombre que se deleita en temer a Dios (ver Ne 1:11). En otras palabras, él percibe a Dios como el "Dios grande y temible" (Ne 1:5; 4:14). Nehemías tiene el más alto respeto y reverencia por Él.

En los eventos previos al éxodo, el Faraón ordena a las parteras hebreas matar a todos los niños hebreos recién nacidos. Pero, en cambio, ellas deciden salvar la vida de los niños. Debido a que las parteras temían a Dios, desobedecen a la autoridad civil injusta (ver Ex 1:17-20). El miedo al Dios no es una emoción. Es el reconocimiento por palabra y hecho de que el mundo está en manos de Dios.

El autor del Salmo 111, al igual que el autor de Proverbios, valora mucho el temor de Dios como un incentivo para un caminar justo con Dios (ver Sal 111:10; Pr 9:10). Qohélet va tan lejos como para resumir toda nuestra relación con Dios diciendo: "El fin de todo el discurso que has oído es: Teme a Dios y guarda sus mandamientos, porque esto es el todo del hombre" (Qo 12:13). En veintisiete lugares, la Biblia elogia directamente el temor de Dios como algo positivo, útil, y habilitador.

La comprensión bíblica del miedo, por lo tanto, es muy diferente de la que encontramos entre los filósofos y de uso común. Su significado es rico y variado. La palabra hebrea *yirah* (miedo) significa más que el sentimiento de temor o la anticipación ansiosa ante el peligro. Incluye reverencia, maravilla, intimidación, asombro, sorpresa, e incluso adoración. Algunos sabios judíos establecen un vínculo etimológico entre la palabra *yirah* (miedo) y la palabra *ra'ah* (ver). Para ellos, ver la realidad tal como es realmente significa estar lleno de miedo, es decir, ser apoderado por el asombro y la admiración.

Cuando realmente tememos a Dios, nos asombramos de Su misterio y nos damos cuenta, como dijo Abraham Heschel, "que las cosas no solo son lo que son, sino que también representan, cuan remotamente, algo supremo.... Esto nos capacita a percibir en el mundo los indicios indirectos de lo divino, a sentir en las pequeñas cosas el comienzo de un significado infinito, a percibir lo más supremo en lo común y lo simple, a sentir en el apuro de lo que pasa la tranquilidad de lo eterno. Nos damos cuenta por asombro de lo que no podemos comprender por análisis" (Abraham Heschel, *¿Quién es el hombre?*, Capítulo 5).

Las Escrituras afirman que este asombro, esta reverencia, este temor de Dios, es uno de los siete dones del Espíritu Santo (Is 11:2-3). Se lo entiende como el principio de la sabiduría (ver Pr 1:7; 9:10; 10:27; Sal 111:10). No es el comienzo en el sentido de que, una vez que progresamos en nuestra relación con Dios, el temor cede al amor. ¡De ninguna manera!

El temor a Dios es el comienzo de toda relación auténtica con Dios en el mismo sentido en que la concepción es el comienzo de la vida. Comenzamos a vivir como personas en el momento en que somos concebidos en el vientre de nuestra madre. Pero nuestra vida no termina cuando nacemos. Necesitamos crecer y madurar. De la misma manera, el temor de Dios es el comienzo, el punto de partida, el fundamento de una relación correcta con Dios. Esta relación correcta necesita crecer y madurar, y solamente alcanzará su medida máxima en el cielo donde nuestros corazones estallarán de alegría. En la corte del cielo, seremos abrumados con asombro y admiración ante la majestad divina de Dios. Maravillándonos, asombrados por su amor, entenderemos verdaderamente que "el temor de Dios ... perdura para siempre" (Sal 19:10).

El concepto del temor del Señor es profundamente bíblico. Por lo tanto, eliminar la expresión bíblica "el temor de Dios" de la liturgia y la catequesis sería empobrecer nuestra comprensión de una verdad fundamental de nuestra relación con Dios. Usar la expresión "el temor de Dios" significa salvaguardar y transmitir el lenguaje de la fe que heredamos de la Palabra de Dios. El uso mismo de la expresión "el temor de Dios" nos ayuda a ir más allá de las explicaciones demasiado simplistas y racionales de nuestra relación con Dios. Dirige nuestras mentes y corazones al misterio mismo de nuestro Dios amoroso Que nos deja asombrados y maravillados ante Su inefable presencia.

Conclusión

Jesús, el hijo de David, fue ungido por el Espíritu Santo para cumplir con Su misión mesiánica como el Salvador del mundo. El Espíritu Santo derramó plenamente sobre Su humanidad los dones de la sabiduría, el entendimiento, el consejo, la fortaleza, el conocimiento, la piedad, y el temor de Dios. Crucificado y resucitado de entre los muertos, el Señor Jesús comparte estos mismos dones con todos los creyentes. Primero dados a nosotros en el Bautismo, y luego más completamente en la Confirmación, estos dones nos ayudan a responder a la presencia del Espíritu Santo en nuestras vidas, a tomar buenas decisiones, a servir a Dios y a los demás, y a caminar por el sendero que conduce a la felicidad eterna.

Jesús inició Su ministerio publico con el llamamiento a la conversión, "El tiempo se ha cumplido y el reino de Dios se ha acercado; arrepentíos y creed en el evangelio" (Mc 1:15). Al bendecirnos con Sus siete dones, el Espíritu Santo nos permite responder a la invitación de Jesús. Según las enseñanzas de Santo Tomás de Aquino, la sabiduría, el entendimiento, el conocimiento, y el consejo influyen y dirigen nuestro intelecto. Estos cuatro dones nos ayudan a entender y reconocer el reino de Dios en medio de nosotros. Los otros tres dones, la fortaleza, la piedad, y el temor de Dios tocan nuestra voluntad, permitiéndonos abandonar todo pecado y volvernos a Dios.

Con Sus siete dones, el Espíritu Santo nos acompaña a lo largo de nuestra vida. Él está con nosotros en todo momento. Cuando vivimos en estado de gracia, eso es, libre de pecado mortal, Él está presente en nosotros, ayudándonos con estos dones para crecer en santidad y para estar más perfectamente unidos a Cristo, el Único Que puede satisfacer nuestros anhelos más profundos.

El Padre está siempre dispuesto a otorgarnos los dones del Espíritu Santo cuando nos dirigimos a Él en el silencio y la oración. "Porque todo aquel que pide, recibe; y el que busca, halla; y al que llama, se le abrirá.... vuestro Padre que está en los cielos dará buenas cosas a los que Le pidan" (Mt 7:8, 11).

Nuestra cultura nos coloca en un hervidero de ruidos, en opiniones conflictivas, y en un flujo constante de información. Por todos lados somos bombardeados con la demanda de escuchar y prestar atención. Y, al final, quedamos ajetreados, y la capacidad de concentrarnos por largos periodos de tiempo y de analizar bien las cosas disminuye o desaparece totalmente.

Mientras que los estudios científicos demuestran que el ruido aumenta nuestro nivel de estrés y nos hace tensos, también demuestran que el silencio nos calma, reduce la tensión, y promueve el bienestar general. Herman Melville escribió: "Todas las cosas profundas… son precedidas y asistidas por el silencio." Cuando desconectamos la mente de los estímulos sensoriales externos y nos ponemos en silencio, podemos realmente prestar atención a nuestros propios pensamientos e ideas, nuestros sentimientos y emociones. Con tan tranquila reflexión, podemos ir más allá de la superficie de los acontecimientos de nuestras vidas, descubrir el sentido de ella, y experimentar la paz.

En el desierto Moisés, huyendo por haber asesinado a un egipcio, se encontró con la zarza ardiente. Solo cuando él se detuvo y se paró maravillado ante esto, Dios le habló. Fue en ese silencio reflexivo que él tuvo el encuentro con Dios (ver Ex 3:3).

El profeta Elías, escapando del rey Acab y su esposa Jezabel, vino a la misma montaña donde Moisés había encontrado a Dios. Él se refugió en una cueva. Hubo un viento fuerte y violento que rompía la montaña, pero Dios no estaba en el viento. Hubo un terremoto atronador, pero Dios no estaba en el terremoto. Más bien, estaba presente Dios en una acariciante y suave briza que apenas se escuchaba. En el sonido del silencio, cuando el alma de Elías estaba calmada y su mente atenta, él escuchó a Dios revelarle lo que quería que hiciera (ver 1 R 19:11-12).

Jesús hizo del silencio una prioridad en su vida. Después que el Padre ungió a Jesús con el Espíritu Santo en Su bautismo, Jesús no Se precipitó a comenzar Su ministerio publico. Más bien, Se retiró a la soledad del desierto de Judea para orar (ver Mc 1:12). Durante Su corto ministerio público, no Se apresuraba para tomar acción. Antes de cada decisión importante, Jesús sacaba tiempo para estar silencioso en oración ante el Padre.

Antes de escoger a los doce apóstoles, Él fue a una montaña y allí pasó toda la noche en oración (ver Lc 6:12). Después de la multiplicación de los panes y los peces, cuando las multitudes clamaron para coronarlo rey, Él se retiró solo a la montaña a orar (ver Mt 14:23; Jn 6:15). En las últimas horas de Su vida, después de la Última Cena, Él fue al huerto de Getsemaní a orar a solas y en silencio (ver Mc 14:32).

Jesús nos ha dado el ejemplo a todos. Si Él, en Su humanidad sin mancha de pecado, necesitó momentos de silencio para pensar, reflexionar y, mucho más importante, para orar, ¡cuanto más nosotros! El silencio no nos es fácil. Necesitamos disciplinarnos, aprender a hacer una pausa en nuestras vidas atareadas y llenas de ruidos, y darles sentido a nuestras vidas. Esto está al centro del ser verdaderamente humano y lleno de los dones del Espíritu Santo.

En las palabras de Herman Melville: "El silencio es la imposición invisible de las manos del Divino Pontífice sobre el mundo." El silencio nos libera de la tiranía del ruido. No es algo negativo, sino positivo. No es el vacío, ni la nada. Es la apertura y la receptividad ante Dios. Como Christopher Jamison tan hermosamente dice: "El silencio es una puerta hacia el alma, y el alma es la puerta hacia Dios."

Moisés habló de Dios, pero es la Torá que Él dio lo que lleva al conocimiento y al amor de Dios. Buda habló de la iluminación, pero es su Noble Camino que guía al discípulo para conquistarla. Mahoma enseñó acerca de la sumisión completa a Alá, pero es el Corán que instruye al adherente a alcanzarla. En cada caso, el profesor y la enseñanza son distintos. Pero no es así en el caso de Jesús.

Jesús hace más que enseñarnos acerca de la verdad. Como le dijo a Tomás en la Última Cena, Él dice también a nosotros: "Yo soy el camino y la verdad y la vida" (Jn 14:6). Jesús no simplemente señala el camino hacia Dios. No. Él dice, "Yo soy el camino." Solo Él puede decir: "Nadie viene al Padre sino por Mí" (Jn 14:6). Y la razón es ésta: Jesús es la misma Sabiduría Encarnada de Dios. Al usar estos dones, vendremos a ser cada vez más unidos con Cristo, "el cual nos ha sido hecho por Dios sabiduría, justificación, santificación, y redención" (1 Co 1:30).

Es nuestra unión con Cristo que nos trae paz y felicidad verdadera no solo en esta vida, sino también en la venidera. Este es el propósito final de todos los dones del Espíritu Santo. "Mediante el temor nos elevamos a la piedad, de la piedad al conocimiento, del conocimiento obtenemos la fortaleza, de la fortaleza el consejo, con el consejo progresamos hacia el entendimiento, y con el entendimiento hacia la sabiduría, de tal modo que, por la gracia septiforme del Espíritu, se nos abre al final de la ascensión el ingreso a la vida celeste" (San Gregorio Magno, *Homilías sobre Ezequiel*, II, 7, 7). Recibiendo con alegría y usando con fervor los dones del Espíritu Santo, encontramos el camino de la felicidad eterna.

Preguntas y Respuestas acerca del Espíritu Santo

1. ¿Quién es el Espíritu Santo?

Él es la Tercera Persona de la Santísima Trinidad, procedente del Padre y del Hijo a Quienes Él es igual. Él es el amor personificado de Dios.

2. Específicamente, ¿quién reveló al Espíritu Santo?

Jesucristo, Quien prometió: "Cuando venga el Espíritu de verdad, él os guiará a toda la verdad" (Jn 16:13).

3. Mencione algunos de los nombres dados al Espíritu Santo.

Cristo llamó al Espíritu Santo Paráclito, que es traducido "Abogado" por la mayoría de los estudiosos bíblicos. Es traducido "Entrenador" por el Padre Gerard Manley Hopkins, el poeta, porque Él anima y consuela. Litúrgicamente, el Espíritu Santo es llamado Padre de los pobres, Dador de dones, Luz de corazones.

4. Particularmente, ¿dónde y cuándo fue el Espíritu Santo manifestado?

Él fue manifestado en el Bautismo de Jesucristo y en Pentecostés.

5. ¿Es Pentecostés la fiesta del Espíritu Santo?

No, así como no hay fiesta del Padre ni del Hijo Jesucristo, tampoco hay fiesta del Espíritu Santo.

Pentecostés es la fiesta que recuerda la recepción maravillosa del Espíritu Santo por parte de la Iglesia naciente.

6. ¿Qué hace entonces el Espíritu Santo por la Iglesia?

a. Él permanece con la Iglesia para santificarla.

b. Él mora en la Iglesia y en los corazones de los fieles.

c. Él reza en los fieles para que ellos se den cuenta que son hijos adoptivos de Dios.

d. Él guía a la Iglesia en el camino a toda la verdad; por lo tanto, es frecuente la invocación del Espíritu Santo, como son frecuentes también las Misas del Espíritu Santo en los Concilios de la Iglesia.

e. Él imparte los dones carismáticos.

f. Él constantemente trabaja por la renovación espiritual de la Iglesia llevándola a la perfecta unión con su Esposo. "El Espíritu y la Esposa [la Iglesia] dicen: '¡Ven!'" (Ap 22:17).

g. Él es el "corazón de la Iglesia misionera." Acuérdense del espíritu misionero de la Iglesia en Pentecostés después de la primera novena de oración cuando "uno era el corazón y una el alma" de los creyentes.

h. Acuérdense de la relación del Espíritu Santo con María, Madre de la Iglesia, y con Cristo la Cabeza de la Iglesia.

7. ¿Pero no son las actividades de la creación de Dios comunes entre las Tres Divinas Personas?

Sí, pero las Escrituras atribuyen ciertas actividades al Espíritu Santo (por apropiación) a causa de Su particular papel en la Santísima Trinidad. Y, por lo tanto, San Pablo nos dice: "El amor de Dios ha sido derramado en nuestros corazones por el Espíritu Santo que nos fue dado" (Rm 5:5). Como el Padre Edward Leen dice: "Él es el amor (o caridad) de Dios en persona."

8. ¿Cuáles son algunas cosas que se Le atribuyen al Espíritu Santo con respecto al cristiano?

a. Nosotros fuimos renacidos del agua y del Espíritu Santo.

b. Nosotros recibimos un tipo de Pentecostés personal en la Confirmación: "Dios todopoderoso, Padre de nuestro Señor Jesucristo, Que has hecho nacer de nuevo a estos hijos Tuyos por medio del agua del Espíritu Santo, librándolos del pecado, escucha nuestra oración y envía sobre ellos al Espíritu Santo consolador" *(El Rito de la Confirmación)*.

c. Él nos ayuda a hacer una buena confesión. (Es decir que Él nos ayuda a conocer, detestar, y renunciar nuestros pecados por el amor de Dios y a resolver cambiar nuestras vidas.) Recuérdense el don de la Pascua de Resurrección: "Recibid el Espíritu Santo. A quienes perdonéis los pecados, les serán perdonados …" (Jn 20:23).

d. Él nos ayuda a apreciar la Palabra de Dios o sea las Sagradas Escrituras inspiradas por Él, y es en el "Espíritu" que nosotros debemos leerlas.

e. Asimismo, Él nos permite apreciar el valor único

del Santo Sacrificio de la Misa y de la recepción de Cristo en la Santa Comunión.

f. Él ilumina nuestra mente, fortalece nuestra voluntad, nos guía en importantes decisiones respecto a nuestra vocación, y nos levanta de nuestros defectos habituales, para que vivamos una vida de fe, de esperanza, y de caridad hacia Dios y nuestros hermanos.

9. ¿Cuál es el verdadero valor de la devoción al Santo Espíritu?

Cuando le preguntaron al Cardenal Mercier durante un retiro en Bruselas cual fue el "secreto de la santidad," él respondió: "Cada día, durante cinco minutos, cerrad los ojos a las cosas sensibles y los oídos a todos los rumores de la tierra, y entrad dentro de vosotros mismos; y en el santuario de vuestra alma, que es el Templo del Espíritu Santo, adoradlo, diciéndole: 'Ilumíname, guíame, consuélame.... te prometo someterme a todo lo que desees de mí y aceptar todo lo que permitas que me suceda: hazme tan sólo conocer Tu voluntad.'"

Este es el secreto no solo de la santidad, sino también de la felicidad que el mundo no puede darnos.

10. ¿Cuándo se debería invocar el Espíritu Santo?

Por lo dicho anteriormente: El Espíritu Santo Se puede invocar por cualquier trabajo espiritual o secular, por la digna recepción de los sacramentos, por la opción moralmente correcta, por la apropiada lectura de las Escrituras. Y usando las palabras del Padre Leen, "que adquieras una sensible devoción al Espíritu Santo, apreciando Su íntimo papel en la vida cristiana."

Oraciones

Oración para Recibir al Espíritu Santo

REY de gloria, envíanos la Promesa de nuestro Padre, el Espíritu de Verdad. Que el Consejero Quien procede de Ti ilumine e infunda toda la verdad en nosotros, como Tú has prometido.

Oración por los Siete Dones del Espíritu

SEÑOR Jesús, por medio de Ti humildemente imploro al Padre misericordioso: envía la gracia del Espíritu Santo, para que Él confiera a nosotros Sus siete dones.

Que Él nos envíe el don de *sabiduría*, el don que nos hará disfrutar del Árbol de la Vida que no es algo diferente que Tú mismo; el don del *entendimiento*, el cual nos iluminará; el don del *consejo*, el cual nos guiará por el camino de justicia; y el don de la *fortaleza*, que nos dará fuerza para vencer los enemigos de nuestra santificación y salvación.

Que Él nos otorga el don del *conocimiento*, el cual nos permite entender sus enseñanzas

y distinguir el bien del mal;
el don de la *piedad*, que nos hace disfrutar de la verdadera paz;
y el don del *temor a Dios*, el cual nos hace evitar toda malignidad y toda ofensa a Tu majestad.
Al Padre y al Hijo y al Espíritu Santo sean toda gloria y toda acción de gracias por siempre.

San Buenaventura

Oración por los Doce Frutos del Espíritu

SANTO Espíritu, Amor eterno del Padre y del Hijo, bondadosamente concédenos el fruto de la *caridad*, para que podamos estar unidos a Ti mediante el Divino Amor; el fruto del *gozo*, para que nos llene la santa consolación; el fruto de la *paz*, para que podamos disfrutar de la tranquilidad de nuestra alma; y el fruto de la *paciencia*, para que podamos soportar humildemente todo lo que se opone a nuestros propios deseos.

Divino Espíritu, complácete infundir en nosotros el fruto de la *benignidad*, para que podamos voluntariamente aliviar las necesidades de nuestro prójimo; el fruto de la *bondad*, para que podamos ser benevolentes con los demás; el fruto de la *paciencia*, para que no seamos desanimados por la tardanza, sino que perseveremos en la oración; y el fruto de la *mansedumbre*, para que podamos dominar nuestra cólera, apaciguar todo queja, y reprimir la susceptibilidad de nuestra naturaleza en las relaciones con los prójimos.

Espíritu Creador, impártenos generosamente el fruto de la *fidelidad*, para que podamos confiar en las palabras de Dios; el fruto de la *modestia*, para que seamos sencillos en nuestra apariencia; y el fruto de la *continencia* y la *castidad*, para que mantengamos nuestro cuerpo en la santidad que corresponde a Tu templo y, habiendo preservado nuestro corazón puro aquí en la tierra, merezcamos en Jesucristo, según las palabras del Evangelio, ver a Dios eternamente en la gloria de Su Reino.